U0034874

神算一本通

Palmistry and Physiognomy

手相面相綜合論命

命理名師 黃恆堉

李羽宸

黃恆堉

　　我們常聽說「知己知彼，百戰百勝」，人生活在群體中，有的人非常活潑，有的人卻非常文靜、木訥，如果你一生中朋友很少，相信你的一生一定過得非常孤獨，對嗎？

　　我們常聽人說「落土時八字命」，這就是一個人出生後的「命」也就是「個性、特質」，如果你能學會一種功夫，藉由這種功夫瞭解你周遭朋友的個性，那你絕對是一個受歡迎的人。

　　在命理、心理學的學問中，最容易跟人互動的方式（工具），就屬面相與手相最直接了，因為不用跟對方要生辰八字就可探知對方的一切，當你學會手面相後，你會感覺到你是多麼受歡迎的一個人，因為大家都會要你幫他看一下手面相，所以這門「人生交際課」你一定要

學會它，你會受益無窮。

本書已將繁瑣的理論簡單化了，相信你一看就懂，而且照著每個章節循序漸進看下去，愈看愈有趣，有趣就可學得會。

最重要一點就是學完後，要不斷碰到人就論，久了以後，你就愈來愈有經驗，說不定將來也可以成為手面相大師了。

讀書三個步驟一定要履行，一、預習，二、複習，三、練習。所以這本書只是告訴你答案，但你能不能完全吸收就要看你用心的程度，有沒有確實履行上述三個步驟。

最後還是要鼓勵你，書既然買了就徹底把它學會，那對你一生的「人際溝通」絕對是加分 100%。

臺中市五術教育協會 創會理事長 黃恆堉
丙申年謹序於吉祥坊易經開運中心
網址：www.abab.com.tw 連絡電話：04-24521393

李羽宸

　　中國相學，博大精深，在生活意識型態的影響之下，老祖宗流傳數千年的命理，依然是現代人探索天命玄機的依據。

　　其實人相學是融合了中醫學、生理學、遺傳學等專門性知識，並且蘊含著傳統文化的傳承，結合當下的社會現況來「預知未來」，才能讓這門學問在歷史與文明的發展過程中，流傳至今而不墜。

　　「凡走過必留下痕跡」這句話對於手面相觀察的譬喻可以說是恰如其分，甚至還未走過就會有隱約可尋的線索和跡象，此乃物體觀察的吉凶徵兆。

　　所謂「相由心生」，形於外便知其人的心

性、貧富、貴賤、窮通、壽夭、榮枯、愚賢之推斷；同樣的成敗掌握在自己手上會有刻劃其一生的掌紋記號。我們都知道手掌的紋路與指紋是人類與猿類所獨有，其他的哺乳動物，如貓、狗都是光滑見底而沒有線條紋路的，亦即手相與智慧、情感有著密不可分的關係。

本書除了第一章介紹手面相的基本認識之外，不同於市面上的手面相書籍，本書會公開筆者畢生絕學對於人生禍福的論斷方法，對於初學者或是已經研究手面相多年的人，肯定會是如獲至寶的珍藏。

一、 夫妻之間容易離婚、爛桃花、紅杏出牆、夫妻不和，或是他（她）是值得託付終生的好伴侶嗎？翻閱第二章你（妳）就可以「未卜先知」。

二、 財運不順、財來財去，或是擁有好財運的

特質，請看第三章就能夠「一目瞭然」。

三、萬貫家財，抵不過健康的身體，健康就是
　　財富，健康的人是最快樂也是最富有。
　　任何人若失去了健康，既有的財富、愛情、
　　名利、權勢都會化為烏有。就由第四章來
　　預知我們身體的健康警訊與疾病的軌跡。

四、與子女緣厚之人，不僅可以得到父母的疼
　　惜與關愛，更能有利於未來的發展；反之，
　　與父母緣份淺薄之人，除了無法得到應有
　　的照顧之外，對於未來的發展往往也會受
　　到限制。另外子女健康和養成容易與否，
　　第五章會有深入的介紹。

五、事業上成就的高低，往往是評斷與衡量一
　　個人的成功與否，雖然是有點以偏概全，
　　但卻是古往今來不變的原則。就讓我們從
　　第六章來研究探討事業的成功與失敗的緣

由。

六、從第七章來瞭解這個人是心術不正，說謊成性，膨風吹噓，心裡想的就是要如何算計別人或是不懷好意的人，抑或他（她）是心地善良，性情溫和，心胸寬大，品格高尚，很適合與其交往或是合作的人。

七、第八章是「心性質」、「筋骨質」、「營養質」這三大類的性格特徵，我們會將三大系統的論命祕法與讀者分享。

八、第九章是「三停」論命祕法的不傳之祕，仔細推敲，細細品味，融會貫通之後，對於人生的吉凶禍福就能完全掌握在你的手中。

九、第十章是「面貌五官」論命祕訣，有別於坊間命理教學或是書籍上對於面貌五官的介紹，此書只要讀者孜孜矻矻，勤勉不懈

的反覆細讀，筆者保證一定會讓你收穫滿滿。

十、第十一章的麻衣神相擇夫與擇妻歌訣，言簡意賅，淺顯易懂的文字敘述，順口好記又實用，當你讀完此書，你就是手面相大師了！

每個人來到陽間，並不知道前世之事，更不瞭解後世之果。所以三世因果經開頭就講：「欲知前世因，今生受者是；欲知後世果，今生作者是。」亦即因果分明定不差，古今種豆豈生麻；善惡若無罪福報，聖賢豈肯信服它。當命運好的時候，能夠積德行善，則必定可以錦上添花，嘉惠後世子孫；命運不好的時候，能夠積德行善，亦可減輕災厄甚或化險其凶災。

本書付梓旨在教導大眾對於手面相法門能有更深入的瞭解，祈使每位讀者都能夠深得其

用，自助而助人。最後謹以《中國五術教育協會》三尊保護神：謙虛、尊重、禮讓，與大家共勉，祝福大家、謝謝大家，感恩！感恩！再感恩！

高雄市五術教育協會創會 理事長 李羽宸
丙申年仲夏謹序於吉謙坊命理開運中心
網址：www.3478.com.tw
連絡電話：0930-867707

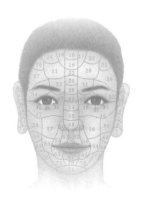

目 錄

第一章

手相與面相綜合介紹

第一章
手相與面相綜合介紹

　　中國流傳已久的人相學，是一門可以預知過去與探視未來的學問，融合了中醫學、生理學、遺傳學、心理學、文化與宗教等專業性知識，並且透過手相與面相所呈現的現象，包括氣色、紋路、言談、舉止等，得以瞭解其代表的意涵。

　　當然在學習手面相的第一階段，必須要先認識手相與面相各部位代表的象徵意義，如同中醫診病運用「望、聞、問、切」四診合參，就是需要很多醫學理論與全面性的思考，才能論斷病因，據此本章結合手面相重要圖檔一一表列，透過「認識自己，進而改變自己；瞭解別人，進而幫助他人」。

面相十二宮

十二宮位圖

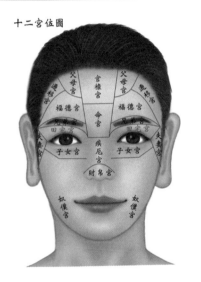

父母宮　官祿宮　父母宮
福德宮　福德宮
福德宮　命宮　福德宮
田宅宮　田宅宮
夫妻宮　　　　　夫妻宮
子女宮　疾厄宮　子女宮
　　　財帛宮
奴僕宮　　　　　奴僕宮

1、　命宮：主掌一生精神、願望、理想與本
　　　命吉凶禍福之運程與榮枯。與肺、心臟、
　　　肝臟等器官相聯屬。

2、 官祿宮：主掌功名與事業運、少年運、智力高低、祖蔭厚薄。與前腦相聯屬。

3、 父母宮：主掌父母及晚年的運勢。與前腦、側腦相聯屬。

4、 兄弟宮：主掌兄弟姊妹、社交、夫妻、子女、財帛。與肝、肺、耳、鼻、小腦相聯屬。

5、 福德宮：主掌一生運勢、財運、祖蔭與祖德之所。與肺、骨髓、支氣管相聯屬。

6、 遷移宮：主掌外出、變動、結婚、搬家、國際貿易順遂與否。與大腦、小腦、側腦相聯屬。

7、 夫妻宮：主掌夫妻緣份深淺與男女之間的感情。與肝、小腦、後腦相聯屬。

8、 田宅宮：田宅宮除了圖檔所示之外，尚包括顴骨附耳以及地閣之處，主掌田園、名譽、聲望、房地產等。與胃腸、心臟相聯屬。

9、 疾厄宮：主掌身體健康狀況、抵抗能力、免疫系統與隨機應變能力。與肝、心臟、腸相聯屬。

10、 子女宮：主掌子女運勢、生兒育女、異性關係。與心臟、小腦、腎臟、內分泌相屬。

11、 財帛宮：主掌財運、財庫、動產、不動產。與胃脾、大小腸、十二指腸相屬。

12、 奴僕宮：主掌部屬、朋友、後代、居住品質。與胃腸、小腸相聯屬。

面相七十五流年

　　由面相所蘊聚的氣色好壞、傷疤、痣斑、凹陷等，即可推斷一個人的運勢起伏、人生際遇與身體狀況，尤其在流年屆臨之時，更能加重其應驗的程度。若發現部位有所瑕疵，此時必須以輕鬆自然的態度從容的去面對，心境快樂，由知命、識命，進而造命。平常要心存善念，真心關懷他人，積德行善，自助而後助人，必能福蔭終生。

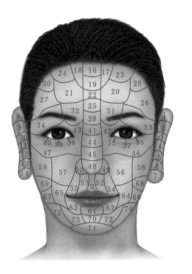

九執流年法

　　九執流年法是從人的面相分成九個部位，分別是雙眉、雙眼、雙耳、口、鼻、額等之優劣而定其流年命運之吉凶。

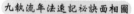

九執流年法速記祕訣面相圖

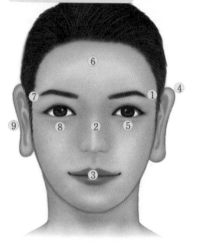

1、九執流年分布

①、左眉：主 1、10、19、28、37、46、55 歲。

②、鼻部：主 2、11、20、29、38、47、56 歲。

③、口部：主 3、12、21、30、39、48、57 歲。

④、左耳：主 4、13、22、31、40、49、58 歲。

⑤、左眼：主 5、14、23、32、41、50、59 歲。

⑥、額部：主 6、15、24、33、42、51、60 歲。

⑦、右眉：主 7、16、25、34、43、52、61 歲。

⑧、右眼：主 8、17、26、35、44、53、62 歲。

⑨、右耳：主 9、18、27、36、45、54、63 歲。

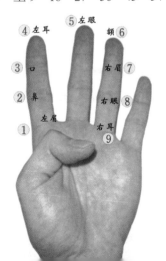

2、九執流年法速記祕訣

例一：年齡 20 歲，以 2 + 0 = 2，如手相或面相九宮速記祕訣，行「鼻」運。

例二：年齡 37 歲，以 3 + 7 = 10，不到個位數，所以要再相加一次，1 + 0 = 1，如手相或面相九宮速記祕訣，行「左眉」運。

例三：年齡 49 歲，以 4 + 9 = 13，不到個位數，所以要再相加一次，1 + 3 = 4，如手相或面相九宮速記祕訣，行「左耳」運。

3、十三部位速記祕訣

每個人臉上自髮際到地閣由中線上拉一條「子、午」線，大約可分為「十三個部位」。其中包含一個人從青少年、青年、成年、壯年、老年，每個時期命運的重要轉折，也是思維系統和運作系統轉換之所在，更是身心平衡與否

的量尺。在生理上代表著脊椎曲直，又與肝、心、脾、肺、腎、生殖系統等重要器官相聯屬。

因此在人相學中十三部位關係著一生的命運，在論其他部位的氣運時必須參照十三部位之優劣。

十三部位由上而下，依照上停、中停、下停分為「五、四、四」部位予以記之。

上停五部位：天中 16 歲、天庭 19 歲、司空 22 歲、中正 25 歲、印堂 28 歲。

中停四部位：山根 41 歲、年上 44 歲、壽上 45 歲、準頭 48 歲。

下停四部位：人中 51 歲、水星 60 歲、承漿 61 歲、地閣 71 歲。

西洋手相學各丘位置

西洋手相學派是以占星術中的七大行星去命名，並且以此推論每個人的個性與本能，其準確性是非常值得商榷的。

西洋手相學各丘適宜寬廣隆起、色潤，表示此丘正面的代表性，若是凹陷且紋路雜亂，則現象為負面居多。

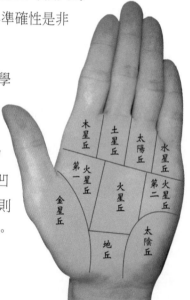

木星丘

土星丘

太陽丘

水星丘

第一火星丘

火星丘

第二火星丘

金星丘

地丘

太陰丘

木星丘：

代表身分地位、野心、名聲、權力。

土星丘：

代表責任、判斷力、行動力。

太陽丘：

代表人際關係、表演藝術與才華。

水星丘：

代表第六感、交際手腕、財帛、社交。

第一火星丘：

代表能力、慾望、勇氣、果斷。

第二火星丘：

代表上進心、忍耐力、克制力。

金星丘：

代表生命力、適應力、吸引力。

太陰丘：

代表直覺力、想像力、藝術氣息。

地丘：

代表祖蔭厚薄、教養方式。

火星丘：

代表人際關係、運勢、理財能力。

掌紋流年

　　孔子曰：「君子有三戒：少之時，血氣未定，戒之在色；及其壯也，血氣方剛，戒之在鬥；及其老也，血氣既衰，戒之在得。」意謂年少的時候，血氣未臻成熟，戒之在色慾；壯年的時候，血氣方剛，戒之與人爭鬥；到了老年，血氣已經衰竭了，戒之在貪慾。

　　在人生的各個階段，隨著年齡、經驗、見識等不同的過程，每個階段對於每個人，都各具有長短之處，唯有發揮其長處，補缺短處的不足，並且藉由修行與行善積德，就可以增強運勢的提升，更可以達到趨吉避凶、延年益壽的效果。

掌紋年流年計算圖

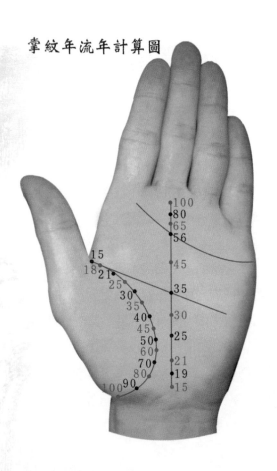

手相特殊掌紋介紹

三角紋
出現此紋表示理
想會實現、氣勢
旺正逢好運。

X字紋
看此紋出現在哪
表示有目標快完
成，會顯現此紋。

環紋
會有重大變化之
轉戾點時會顯現。

星紋
光明燦爛，成為
眾人焦點會顯現。

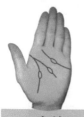

島 紋
不順心或遭遇麻
煩會顯現此紋。

點
此紋出現時,會
有暫時性的麻煩。

格子紋
會加強或削弱
該區塊的功能。

井字紋
較容易受阻,但
突破後就會順暢。

説明

上叉線

吉祥之手紋，可以扭轉目前的劣勢，蒸蒸日上。

説明

下叉線

末端後繼無力，節節衰退影響好的運勢，須預防。

説明

斷線

中斷的手紋，容易有意
外或不好的事情發生。

説明

鎖鍊紋

會有糾纏或麻煩的事情一
直持續發生無法解決。

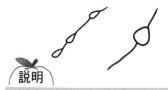

說明

連鎖島紋

阻礙、困難重重、想要做的事情總是無法順利完成。

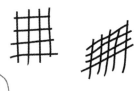

說明

網格紋

運勢較不好的時候，特別容易有意外或疾病發生。

X 字紋

只要出現就可能會發生無助、不幸、失敗、懊惱。

三角紋

降低好的運勢、阻撓目前的氣勢，好運大打折扣。

說明

四方紋

雖然常出現很多困難，但都可以突破困境。

說明

圈紋

運氣不佳、困難重重，要掙脫相當困難。

説明

斑點

暫時性的困難，有疾病
及困難的象徵。

説明

星紋

在手掌心的話較吉利，其
餘位置比較不好。

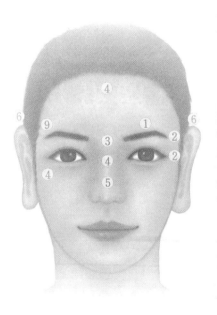

第二章

婚姻好壞
就要看這裡

第二章

婚姻好壞就要看這裡

　　一個成功男人的背後，總會有一個聰明點慧的女人；但是我們也常說：「水能載舟，亦能覆舟。」通常每個人都想好好的經營他的事業，卻很少費心來經營屬於兩人的共同修行場所：「婚姻」！不管兩人在婚前愛的多麼熱烈，婚禮舉辦的多麼隆重，多少的承諾與海誓山盟，其實都只是一種表徵，並無法保證你們的婚姻能夠幸福、美滿，或者說是可以持久！

　　凡走過必留下痕迹，這句話說得真好。中國的人相學，就是教導我們如何去解析這些「痕迹」。瞭解手相、面相所呈現痕迹代表的意義，很容易就能夠判別此人的過去與未來的點點滴滴，達到認識自己、改變自己、瞭解別人、幫助別人的最高目的，做為修身養性，調整處事的態度與作為，進而改善生活習慣與個性，維繫夫妻間良好的關係，讓美滿的婚姻長長久久。

　　PS：「相不獨論」，不管論及面相或手相之任何相理時，必須再參照其他部位綜合評論，這是學習與認識手面相應有的態度與技巧。

一看就知道容易離婚

　　成家是立業的根本，男人都希望另一半能
夠旺夫，而女人更希望自己能夠幫夫，如此才
能夠營造幸福的家庭、美滿的婚姻。我們常說：
「家和萬事興，家不和萬事窮。」若夫妻之間
的關係不好，很容易就會走上離婚之途。

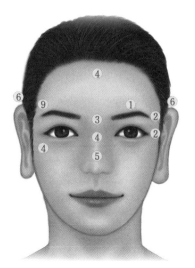

1、面相—請對照面相圖之號碼

①、眉毛間斷

眉毛間斷的人，性情暴躁，處事不冷靜，時常為了一些生活中的瑣事而亂發脾氣，導致夫妻關係不佳。

②、天倉、奸門凹陷

天倉、奸門有明顯的凹陷，夫妻感情較為淡薄，相處不融洽，爭吵時而有之，表示此人膽小怯弱，遇到事情會逃避，沒有責任感與擔當，為離婚相。若奸門又有Ｘ紋、惡痣、魚尾紋雜亂者，其現象會更加明顯。

③、印堂直紋

男性兩眉間有兩條直紋，女性兩眉間有一條深直紋者，都是屬於離婚之相。

④、鼻高、額高、顴高

鼻高、額高、顴高殺夫完全不用刀。鼻高、

額高、顴高的女性，早運、中運會有好運勢，也表示背景好，出身佳。但婚姻上卻往往較為波折，難享夫福，離婚率非常高。

⑤、**鼻樑起節**

男性屬於個性怪異、叛逆、堅持己見、率性而為；女性鼻子為夫星之所在，表示伴侶條件不好，造成生活與感情波折困擾不斷。

⑥、**兩耳高低不一**

兩耳高低不一的女性，性情多變，在婚姻上容易遇到阻礙，離婚的機率很高。

⑦、**額高無眉**

女性額頭高，自恃甚高，加上沒有眉毛，屬於小老婆命格。

⑧、**聲寒、肩寒、眉寒**

女性最忌聲寒（聲音低沉又沙啞）、肩寒

（兩肩縮到與頭齊，走路兩肩好像七爺八爺）、眉寒（白虎眉，眉毛稀稀疏疏沒形狀）。女性有以上二～三點，主婚姻不美滿，有一嫁再嫁的情形。

⑨、眉高眉尾不聚

女性眉毛生得高，而眉尾不聚的人，心志高而執著，瞧不起丈夫，因而婚姻難以維繫。

⑩、眼睛大小不一

眼睛一大一小，心態不平衡，比較情緒化，婚姻也不美滿，除非在 35 歲之後才結婚。

2、手相─請對照手相圖之號碼

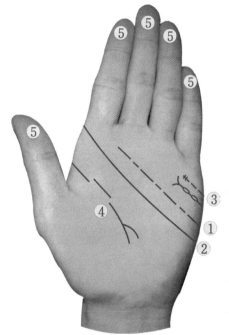

①、感情線中斷

　　感情線中指下中斷者（中年時期感情易產
生變化，身體比較虛弱）、無名指下中斷

者（情緒起伏不定，戀愛容易失敗或婚姻破裂）、小指下中斷者（沉浸物質享受，婚姻不美滿）。

②、天紋長過食指

天紋（感情線）止於食指旁者，此人對於感情方面過於執著，疑心病太重，最終只好以離婚收場。

③、家風紋分叉、中斷、島紋、十字紋

家風紋（婚姻線）表示一個人的婚姻狀況以及對於異性的態度，若有分叉、中斷、島紋、十字紋等現象，皆主婚姻多波折。

④、人紋交錯、中斷、大分叉

人紋（智慧線）表示與配偶的狀況，若有交錯、中斷、連續島紋、大分叉等現象，皆主與配偶關係生變。

⑤、十指全螺

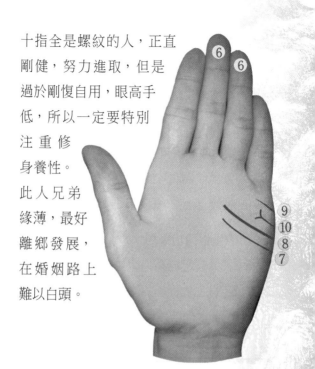

十指全是螺紋的人，正直剛健，努力進取，但是過於剛愎自用，眼高手低，所以一定要特別注重修身養性。

此人兄弟緣薄，最好離鄉發展，在婚姻路上難以白頭。

⑥、中指與無名指分開

五指伸開合併的時候，若中指與無名指分開，表示夫妻無緣，蓋因中指代表本人，無名指為配偶之意。

⑦、天紋短淺

天紋過於短淺者（止於無名指下），表示此人猜疑心特別重，夫妻感情不睦多變化，屬於離婚之相。

⑧、家風紋粗深且長者

家風紋獨見一條粗深且長者，表示此人心性殘忍，有虐待狂傾向，婚姻難以維繫。

⑨、家風紋頭粗尾細

家風紋起於小指粗大，止於小指和無名指之間而漸漸細小者，主結婚初期如膠似漆，不久，夫妻感情便漸漸淡薄。

⑩、家風紋尾端分叉又下垂

家風紋尾端分叉又下垂是一種明顯的離婚特徵。若又分叉、下垂穿過天紋，則可直斷離婚。

顯而易見的爛桃花

陽宅何知經曰：「何知人家女淫亂，門對坑竈水有返。」表示陽宅前方水路或道路成反弓狀，如雙腿張開，主應女桃花。但是婚姻不是單靠一方來經營，需要男女雙方共同努力來維繫。其實在陽宅呈現不好桃花的現象很多，但是如何從外表來觀看此人是不是有明顯的爛桃花，究竟在手面相會有什麼特徵，就讓我們一起來看看以下的說明！

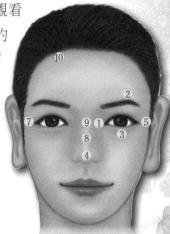

1、**面相**—請對照面相圖之號碼

①、**眼頭黑灰筋**

眼睛靠近鼻樑處，男以左方為夫座，右方
為妻座；女以左方為妻座，右方為夫座；
此部位好，男可娶好太太，女可嫁好丈夫。
眼頭若是有黑灰筋，表示此人有外遇。

②、**眉毛黑亮**

男人的眉毛，比平常之時還要黑亮，表示
老婆可能有外遇。

③、**淚堂黑青**

淚堂呈現黑青色，表示此人有爛桃花，並
且要預防會有官司、車禍之情事。

④、**準頭有痣**

準頭有痣，為妻勞，是桃花的表徵，主艷
福不淺，但卻是桃花債。鼻準頭有痣，陰

莖的龜頭也會有痣。

⑤、眼尾有痣

男性眼尾有痣，較為好色；女性眼尾有痣，婚姻容易失敗。男性左眼尾有痣，屬於自發性喜好女色；右眼尾有痣，是為「妾宮」，容易受女人愛慕與喜愛，而發生越軌的行為。

⑥、深邃的眼神

深邃的眼睛，加上雙眼皮的男性，容易有桃色糾紛。

⑦、魚尾紋多且雜

看夫妻緣份，眼尾（魚尾）很重要。若魚尾紋很多又雜亂的人，就很容易招惹爛桃花。

⑧、鼻子低小

鼻子低小通常氣勢較弱，意志不堅定，在

生活中容易遭到設計，尤其是女性，不知道如何拒絕別人，於是就很容易出現爛桃花。

⑨、兩眼距離寬

兩眼距離以中間能容納一隻眼睛為標準，女性若兩眼距離明顯太寬，此人性格開放，沒有戒心，所以感情常常被騙。

⑩、髮際凌亂

髮際凌亂之人，心態不平衡，比較情緒化，性情多變，愛鬧脾氣，只要與她相處盡量博取歡心，就很容易與之親近。

2、手相—請對照手相圖之號碼

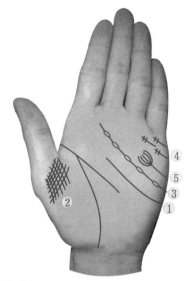

①、天紋止於中指

天紋短（感情線），止於中指下者，表示此人無法用理智處理感情，尤其是女性，易受外界誘惑而容易受騙。

②、金星丘網格紋

在金星丘（拇指下方生命線裡面）有很多網格狀的紋路。其實每個人在此或多或少

都會有網格紋，只是此人現象特別明顯與複雜，所以來的桃花往往都不是正桃花。

③、天紋連續島紋

感情線上有連續島紋者，容易遇到不正當的人或是不該愛的人（如已婚者），但本身卻很喜歡。

④、家風紋形如三角

三條家風紋（婚姻線）如三角狀，又見小橫紋穿越者，不論男女都表示感情關係複雜，一生常為感情煩惱，爛桃花多現。

⑤、家風紋尾端如扇

家風紋尾端有如扇形紋路者，表示用情不專，見一個愛一個。

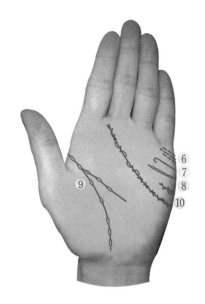

⑥、家風紋細小且多

家風紋細小，而且有五條以上者，對於愛
情總是朝三暮四，爛桃花源源不斷，處處
可見。

⑦、家風紋如釣鉤

家風紋形狀下彎如鉤狀者，表示戀愛波折

多，婚姻容易有第三者介入或是會遇到騙
財騙色之人。

⑧、家風紋連續鎖鍊紋

這是非常稀有的結婚線，女性容易獲得男
性的芳心，但是婚後相處並不融洽，夫妻
時常會有爭吵與摩擦。所以有連續鎖鍊紋
的結婚線，若做個自由自在的單身族，一
生反而平順無憂。

⑨、人紋與地紋有連續島紋

人紋（智慧線）與地紋（生命線）有很多
島紋糾纏在一起的人，會不斷地遇到許多
爛桃花。

⑩、天紋與家風紋雜亂

天紋（感情線）與家風紋（婚姻線）兩條
線都很雜亂的人，很容易會招惹到對自己
糾纏不停的對象。

哪些人最容易紅杏出牆

　　擁有幸福美滿的婚姻，是每一個家庭最基本的渴望與夢想；婚前汲汲營營的追求，婚後用心努力的經營。但是當下現實的生活中，世風日下，男女因應工商科技的發達與社會進步的變遷，各類風流韻事比比皆是。在此筆者列舉手面相最容易出軌而紅杏出牆的特徵與讀者們來共同研究與探討，幫你找到真正的原因！

1、面相一

請對照面相圖之號碼

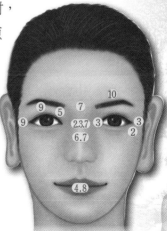

59

①、三白眼或四白眼

正常的眼睛，黑眼珠應該佔滿上下眼眶，倘若黑睛太小，往上為下三白，往下為上三白，若居於中央，就是四白眼。此人易對於現實不滿、自私自利、殘酷記恨、感情不堅，只要心中有稍微對丈夫的不滿，就很容易會有出軌的舉動。

②、山根有斑且奸門突出

山根有斑點，而且眼尾奸門突出的人，很容易受到外界的誘惑，加上本身感情生活也很多彩多姿，與異性接觸頻繁，是故易有出軌的行為。

③、眼尾、眼頭、山根有痣

女性在眼尾、眼頭或是山根處有痣，都是屬於淫亂的痣，建議將其處理掉為宜。

④、笑露牙齦

笑的時候，露出牙齦的女人，表示此女性慾極強，一個男人難以滿足她，所以想娶此人為妻，需要有先見之明。

⑤、雙眼皮內有痣

在雙眼皮內有痣是屬於淫蕩之人，很難從一而終，會持續不斷地換對象。

⑥、年壽有痣

年上或壽上有痣的女性，單純或是單一的愛情並不能滿足她的需求。

⑦、眉間寬且鼻子扁

兩眉之間寬度以一指半～兩指為吉。寬度超過三指以上，而且鼻子山根、年壽處又扁平塌陷者，屬於淫亂之相。

⑧、嘴大唇厚

嘴大無收（無法完全閉合）而且下唇過厚的女性，對於愛情的慾望會比較多，難耐

寂寞。

⑨、上眼瞼多皺紋且眼尾下垂

上眼瞼有許多明顯的小皺紋，加上眼尾下垂者，在感情上比較不喜歡受到束縛，很容易會有出軌的行為。

⑩、角型眉

角型眉（〜〜）的女性性慾比較強，或許丈夫並不能滿足她，若平常環境多誘惑，就很容易會有婚外情。

2、手相一

請對照手相圖之號碼

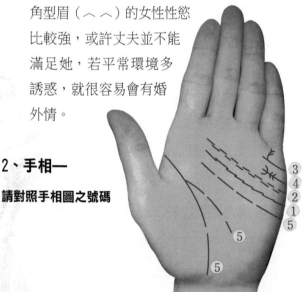

婚姻好壞就要看這裡

①、天紋連續斷合

天紋（感情線）斷掉又重合在一起，很有可能同時與多人交往，婚後也易紅杏出牆。

②、天紋斷斷續續

天紋斷斷續續，戀愛的時候心性不定，婚後也一樣容易見異思遷，感情糾結不斷。

③、家風紋再生支紋

家風紋（婚姻線）生支紋，支紋又再生支紋者，主男性好色貪淫，女性則易有婚外情（支紋有斷者則不論）。

④、家風紋形如三叉劍

家風紋狀如三叉劍者，表示男女皆好色，沒有倫理道德觀念。

⑤、天紋、人紋、地紋斷線

天紋（感情線）、人紋（智慧線）、地紋（生命線），此三條都有斷線，主應女人不守

婦道或是性生活氾濫。

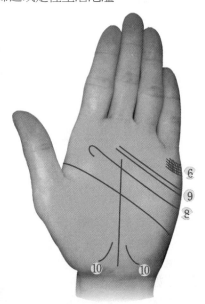

⑥、婚姻線出現網格紋

婚姻線（家風紋）有很多如皺紋網格狀，
多半是風流之相。男性喜歡拈花惹草；
女性喜歡無拘無束、自由自在的生活方式，
婚姻關係難以維繫。

⑦、人紋斷掌線

人紋（智慧線）有斷掌線的人，適合從事開發創新的工作，但對女性來說，在感情上卻很難專一。

⑧、天紋止於食指如釣鉤

感情線止於食指下方而下彎如鉤者，表示被愛沖昏了頭，女性在婚後與異性相處的荒誕行徑必須要多加檢點與克制。

⑨、雙重感情線

天紋（感情線）有兩條重現者，不論男女都很容易吸引異性，而女性方面在婚後多半會紅杏出牆或是從事特殊行業。

⑩、支撐玉柱紋的影響線

影響線如「八」字狀，好像支撐著玉柱紋（事業線），就算婚後，也常常會有異性追求，桃花不斷。

夫妻不和有緣由

　　我們常常聽說夫妻「床頭打，床尾和」，夫妻之間雖然沒有血緣關係，但卻是一生當中最親密的伴侶。古時候很少談論「離婚」這個名詞，若有就是敗門風，在當時是非常嚴重的現象，於是「床頭打，床尾和」這句話便應運而生。

　　只是現在的觀念已經不同以往，婚姻上的絆腳石如：個性不合、家庭暴力、婆媳關係、教育水準、習慣興趣、宗教信仰、家庭背景、子女教養、工作事業、經濟問題、溝通方式、外遇問題、疾病傷殘等問題，都會是造成夫妻不和的原因，尤其是家庭暴力更成為現代社會的熱門話題。每個人都希望另一半能夠溫柔體

貼、善解人意，若性情暴烈，動不動就拳腳相向，則婚姻就難以維持，在此特別介紹有暴力傾向在手面相上所呈現的特徵。

1、**面相—請對照面相圖之號碼**

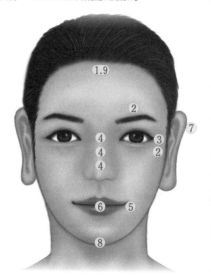

①、額頭狹窄

額頭狹窄的人眼光短淺，輕視他人，高傲

自大，脾氣暴躁，待人冷酷無情，不易讓人親近，身邊圍繞的盡是一些所謂的「小人」。對待妻子有如奴役，任意使喚，常常因為小事而鬧得家庭雞犬不寧。

②、眉稜骨與顴骨尖削

顴骨尖削，打罵相加，加上眉稜骨突出，但是無肉尖削，表示此人作風強勢、鴨霸、蠻橫，我行我素。對妻子常常怒目相向，口出惡言，甚至會使用暴力。

③、眼凸奸門灰黑

眼睛凸出而且奸門呈現灰黑之人，缺乏耐心，脾氣暴躁，常常挑剔妻子的任何作為，言語辱罵，暴力相向。

④、山根、年上、壽上凹陷

女性山根、年上、壽上凹陷者，最容易被家暴，而且免疫力很差，容易生病。

⑤、嘴角下垂

男性左嘴角下垂者，很難有好朋友；右嘴角下垂者，很難有好的愛情結果。

女性左嘴角下垂者，內心常有懷恨之心；右嘴角下垂者，婚姻難美滿，易逢狠心之男性。其實嘴巴歪斜，心中便會常常有不滿的意識，神經質的傾向，言語必多刻薄，令人難以親近（因病產生的現象不論）。

⑥、齒列不佳

尤其是女性，一般婚姻均不佳，蓋因性情剛烈，難以溝通。

⑦、耳朵太薄

耳朵薄就是腎臟薄，因而會影響身體各部位的不健康，自然影響夫妻關係，因為體內內分泌會互相排斥，導致分居或離婚。不過現今社會，已經沒有剋夫、剋妻、剋父母、剋子女這個名詞，其實說穿了就是

電源不來電，因此才會分離。

⑧、下頷小又尖

下頷（地閣）小又尖者，處事能力不夠圓融，不好相處，性情古怪，言語尖酸刻薄，夫妻相處另一半要多忍讓，否則口角衝突時而有之。

⑨、額頭高凸

女性額頭過於高凸者，其人精明能幹，能力強，夫妻相處常常視丈夫於無形而壓制他。

⑩、女性男相

女性男相除了體型之外，尚包括有喉結、人中有鬍、鼻子高挺、眉毛粗濃之「男相」特徵。表示缺乏女性溫柔體貼與善解人意的特質，而呈現豪放不羈的個性，因而導致婚緣不佳。

2、手相—請對照手相圖之號碼

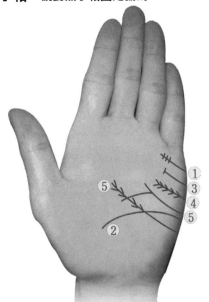

①、家風紋穿越小橫紋

家風紋（婚姻線）上有明顯的短橫紋穿過，
表示夫妻感情不好或是配偶的身體欠佳，
但若是結婚線長而且深秀，則短小的橫紋
影響力就不大。

②、家風紋往下入掌心

婚姻線下彎穿過感情線或事業線止於明堂（掌心），主夫妻之間常常會有衝突，嚴重者會導致離婚。

③、家風紋末端有阻

婚姻線末端有「異紋」阻擋者，表示男女不能同心，摩擦爭吵時而有之，雙方必須要互相學習謙讓、忍耐，婚姻才得以維繫。

④、家風紋多亂紋

婚姻線亂紋很多者，夫妻相處非常情緒化，彼此揶揄辱罵，家庭生活不得安寧。

⑤、家風紋上下分支

婚姻線上下分支，往下沖破天紋（感情線），而且天紋有亂紋者，表示婚姻不佳，夫妻時常吵架而導致離婚。

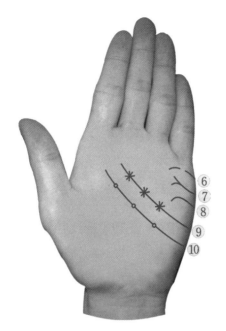

⑥、家風紋中斷又下彎

　　婚姻線中斷又向下彎者，表示夫妻感情會
無緣無故的突然變壞，雙方互看不順眼，
因而導致分居或離婚。

⑦、家風紋末端大叉紋

婚姻線末端呈現大叉紋者，會時常為了子女教養、生活習性等問題而吵架。

⑧、家風紋往下彎

婚姻線呈弧形狀往下彎者，表示對於婚姻有強烈的不信任與不安全感，亦容易對另一半產生不滿。

⑨、天紋有星紋

天紋（感情線）出現星形紋者，表示對於感情會有不忠的行為，導致彼此產生嫌隙，進而影響夫妻之間的感情。

⑩、天紋有圓圈

天紋（感情線）出現圓圈圈者，夫妻之間溝通不良，常常以自我為中心，不會為對方著想而造成彼此誤會與不和的現象。

第五節

值得終生依靠的好伴侶

　　如何看出他（她）可以託付終身？我們在選擇終身伴侶的時候，可以說都是因為相愛而結婚，以命理的角度來看，雙方已經交往一段時日，感情已經趨於穩定且論及婚嫁，好就多加讚賞予以祝福，不合當然也要告知夫妻相處之道；若是認識不深或相處不久而有結婚的打算，建議以「八字」合婚為首要條件。當然剛認識不可能一開口就問對方的生辰八字，此時若能習得「手面相」簡易的觀人術，則同樣可以做為選擇配偶的依據與參考。以下列舉手面相特點，同時具備三項以上者，就是屬於值得依靠終生的好伴侶，蓋因「相不獨論」矣！

1、面相—請對照面相圖之號碼

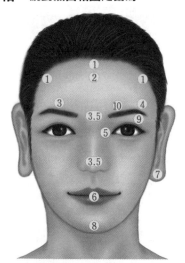

①、額頭寬闊豐隆

額頭飽滿、額面光亮、髮際清明的人,多富思考力,腦筋動得很快,倘若兩個額角又微微凸出,表示此人不但頭腦清楚,腦力運作很快,而且隨時在運用思考力,屬於「智慧型」。亦表示很有貴人運、人緣

好、多福氣，即使一時的不順遂，也很快能夠否極泰來。

②、額頭有善痣

額頭上有黑亮的善痣（痣大、色黑、色澤鮮明光潤、隆起、有長毛、凸出），代表上司、長輩、六親或人際關係都很好。只要凡事心存感激，一定會受到讚揚、賞識與器重。

③、印堂、準頭、福堂氣色明亮

印堂、準頭、福堂（眉毛上方）氣色明亮，表示事事順利，凡事逢凶化吉，夫妻互相尊重，財庫飽滿。福堂氣色明亮，一生很有福氣，貴人也多。

④、眉毛過目、尾聚、有彩

相眉八要：

一要「敬印」：兩眉頭適當的距離，以自

己指頭兩指半以上的寬度。

二要「居額」：眉毛要長在眉稜骨上。

三要「毛順」：鋪陳有緻，濃中細發。

四要「過目」：眉尾要長過於眼尾。

五要「尾聚」：眉尾之毛不可散亂。

六要「有彩」：眉毛有亮光，眉內有翠潤或潤白或紫紅之色。

七要「有揚」：眉頭至眉毛 2/3 處，要略往上揚。

八要「根根見肉」：眉毛雖濃密，但不可濃如潑墨或雜亂。

則事業有成，財富有聚，夫妻美滿，子女多優秀。

⑤、女性鼻豐、印堂滿、眼秀

女性鼻豐（夫星發達）、印堂滿（手指兩指半最標準）、眼秀（情緣、財緣、官祿緣、事業緣），必配貴夫。

⑥、口形完美

女性口形稜角分明，唇紅齒正，表示個性篤厚賢淑。口大嘴唇收得緊，加上人中深長，則樂於與人為善，家庭和樂幸福。

⑦、耳朵貼腦、垂珠內朝

耳朵大體上以長論壽、以厚論福、以圓論富。耳朵貼腦，垂珠內朝（往前），又氣色潤白或潤紅者，女人很有幫夫運，男士一生事業都會很順利。

⑧、地閣方圓寬厚、雙下巴

地閣豐厚圓滿，表示其人性情溫和，心胸寬大。雙下巴者，並不是營養豐富或是肥胖，因為雙下巴與肥胖是絕對沒有關係的。雙下巴是心性好、修養好，是有福氣與財運亨通的表徵，有寬大的氣度和親和力，也時有意外之福。在臺灣民間傳說，雙下巴的人至少擁有兩棟房子，所以下巴長得

不錯的人，並不用擔心會成為無殼蝸牛。

⑨、田宅宮豐隆

上眼瞼田宅宮佳，能獲得祖先的庇蔭及長
輩的提攜，善於理財，即使不能大富大貴，
亦能衣食無憂。

⑩、眉毛粗短、濃中細發

「眉毛看個性，鼻子看健康。」眉毛粗短
是做事有些魯莽的象徵，但是粗濃鋪陳有
緻，濃中細發，則表示很講信用，為人誠
懇實在，不會去算計他人，是個很值得信
賴的人。

2、手相—請對照手相圖之號碼

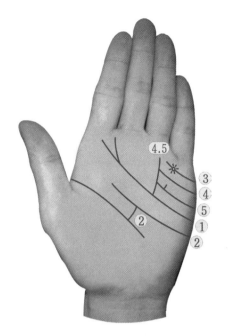

①、天紋兩端止於木星與土星丘之間

　　天紋（感情線）一端止於食指和中指之間，
另一端竄至食指下。表示人緣很好，對愛
情專一，婚後家庭幸福美滿，是一個非常
值得信賴與依靠的人。

②、天紋與人紋之間的支線

天紋（感情線）與人紋（智慧線）有一條明顯連接的支線。是屬於感性與理性能夠平衡兼顧的類型，會將家庭、感情都處理的很好，不會被外界的花花世界所誘惑，但若是感情線或智慧線紋路紊亂的時候，則其效應就會減分甚至消失。

③、家風紋中有星紋

家風紋（婚姻線）當中有星紋者。不管男女，都表示婚姻幸福美滿；若星紋在末端出現，主其人與有專業知識或技術之人結婚，婚後家庭和睦，幸福安康。

④、家風紋銜接六秀紋

婚姻線細長深秀與六秀紋（成功線）相銜接者，是屬於攀龍附鳳的幸運紋。表示婚後家庭幸福，家門溫馨，事業欣欣向榮，貴人裨助，中晚運大發之應。

⑤、家風紋銜接六秀紋且又有小紋往上

婚姻線與六秀紋（成功線）相銜接，而且
結婚線又有小紋上升者。不論男女都意味
著財利亨通，事成業就，幸福喜樂，家庭
和諧。

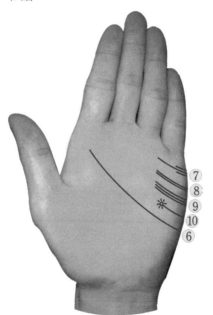

⑥、天紋止於食指

天紋（感情線）末端向上延伸至食指下方的「木星丘」，且無任何不好的紋路（島紋、斷紋、亂紋、井紋、鎖鍊紋、網格紋、三角紋等）者。此人心地善良，樂於助人，親情濃厚，婚姻美滿。

⑦、家風紋秀長且上下有小紋

家風紋（婚姻線）獨見一條秀長的紋路，而且上下另有小紋者。男女同論，早晚婚皆可，一次婚姻，婚姻單純，生活愜意，幸福安康。

⑧、兩條長直深秀的家風紋

兩條同樣長直深秀的家風紋，而且長度距離相等者。是屬於特優的婚姻線，男得賢內助，女嫁好先生，家庭和順，庭內溫馨。

⑨、三條長直深秀的家風紋

三條同樣長直深秀的家風紋，而且長度距離相等者。亦是特優的婚姻線，與兩條同論。

⑩、家風紋末端有星紋

家風紋（婚姻線）末端出現星紋者。不管男女，都會遇到學有所長、努力上進的對象，婚後幸福美滿。

第三章

財運順逆
就要看這裡

第三章

財運順逆就要看這裡

天生擁有好財運的人，比起一般人總是更能夠得到幸運之神的眷顧而迅速累積財富，舉凡得祖蔭、兄弟姊妹相助、投資理財得利，甚至意外之財（彩券、股票）等。

俗云：命裡有時終須有，命裡無時莫強求；人逢倒楣金變鐵，時來運轉牆難擋。預知今世財運的強弱，原來是有些端倪能看得出來的定數。每個人都想財運亨通，財祿豐富，但是瞭解自己適合求財的方向，加上本身努力以赴，正所謂放棄者，不會勝利；勝利者，永不放棄。謀事在人，成事在天，終究也能否極泰來。想知道自己的財運如何，就讓我們從手面相來一窺其中的奧袐吧！

PS：「相不獨論」，不管論及面相或手相之任何相理時，必須再參照其他部位綜合評論，這是學習與認識手面相應有的態度與技巧。

破財連連一場空

　　今生貧賤，前世惡緣；若能省悟，尚可變遷。即相書主張「相由心轉」的道理。

　　貧賤的特徵是，整個顏面輪廓看起來有小的感覺。皮膚粗糙，沒有光澤，好像滿臉塵埃；頭小額窄，皺紋多；眉低壓眼，眉間狹小或被紋針穿破；臉皮急薄，神容憔悴；耳薄焦黑，兩目無光彩，對人偷目斜視；鼻孔灶露，口小唇掀，唇白齒黃；手紋斷續雜紋多，乾癟枯燥無肉；手指間難併靠，隙縫大等皆是輕易讓你破財或生病的面相。以下同時具備三項以上者，就是破財連連的特徵，蓋因「相不獨論」矣！

1、面相—請對照面相圖之號碼

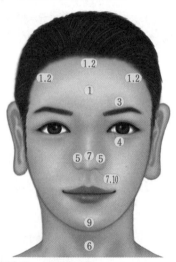

①、額頭狹窄、額紋雜亂

額頭狹窄,少年生活艱辛,財運不佳;額
紋雜亂,則一生辛苦。此時髮際盡量不要
蓋住額頭,若此則易自卑,無主見,情緒
反覆,情感不定。所謂「相由心生」,平
常要注重保養,休養生息,心存善念,多

做善事，就能夠漸漸改善中晚年的運勢。

②、頭小額小、足薄無肉

頭小額小，再加上足薄無肉，這是思維系統和運作系統，也就是腦組織與五臟六腑和手腳經脈發育不良，使得智慧不開，不會掌握現在與未來，以致於沒有貴人相助，不聚財，到老貧困無依。

③、眉毛短促

眉毛很短又雜亂的人，一般個性比較害羞、膽怯、不熱忱，多屬鬱悶之人，因此常常破財，難以聚財。

④、眼白有痣

眼白有痣，是不好的痣相，為破敗祖業，一事無成之相。

⑤、鼻翼過小

鼻子為五官之審辨官，十二相法為疾厄宮、

財帛宮，代表 41 ～ 50 歲人生旺盛時期之運程。相書云：「問貴在眼、問富在鼻」，是故從鼻子可分辨其個性、婚姻、疾病、財富。鼻翼過於薄小者，心志猶豫，心胸不夠豁達，小家子氣，因而財運不聚。

⑥、頸項細長

頸項細長的人，與身體比例對照，一看就比較細，此人財運差，生命力也不強。

⑦、鼻子赤紅、鼻毛外漏

鼻子最忌赤紅而焦，名為火燒中堂，主大破財，加上鼻毛外漏更驗，嚴重者更會有猝死的可能。

⑧、五官不對稱

在沒有身體疾病的狀況之下，面貌五官不對稱，如臉部、眼睛大小不一，鼻樑、嘴巴歪斜不正，額骨高低不一樣等，此人在

投資理財方面很容易判斷錯誤，導致財源不聚，破財連連。

⑨、下巴尖細

下巴尖細的人，晚年財運及子孫運都不好，婚姻關係夫妻之間，如同陌生人，沒有愛的氣氛。

⑩、鼻翼仰露

鼻翼仰露的人，個性隨興，除了比較沒有偏財運之外，理財觀念也很差，需要尋找專業之人進行理財的規劃，才能夠守住錢財。

2、手相─請對照手相圖之號碼

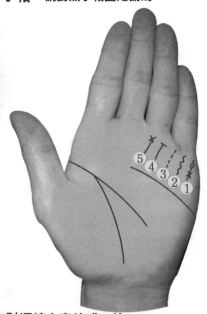

①、財運線有島紋或×紋

財運線（小指下方）上出現島紋或×紋者。

表示會立即出現財務危機，所以在金錢處

理上，不管是投資、借貸、作保、訂定契約，

一定要盡量避免；並且積極行善，就能夠

化解破財的現象，線上的島紋或乂紋也會漸漸消失，這就是「相由心生」的道理。

②、波浪狀財運線

財運線（小指下方）猶如波浪形狀者，表示財運不順。經濟上的不穩定，而造成生活潦倒，窮困不堪。

③、財運線斷斷續續

財運線（小指下方）斷斷續續，是財運不濟、入不敷出的紋路。

④、財運線頂端有橫紋

財運線（小指下方）頂端止於橫紋者，顯示會有破產的危機。俗云：「一個臭皮匠，做不出好鞋樣；兩個臭皮匠，有事好商量，三個臭皮匠，勝過一個諸葛亮。」所以一定要找人商議共事，才能度過難關，化險為夷。

⑤、財運線頂端有✕紋

財運線（小指下方）頂端有✕紋者，是財運不佳的徵兆。要小心事業上的投資與金錢上的借貸，因為恐怕會在一夕之間化為烏有。

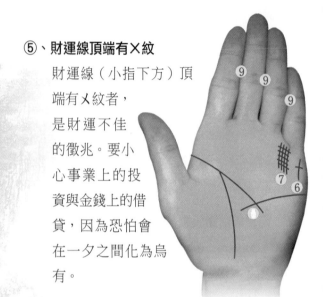

⑥、財運線有橫紋

財運線當中出現橫紋者，是開銷花費大、意外破財、收入銳減的暗示。

⑦、財運線網狀紋

多條財運線與數條橫紋交叉，如網狀格紋者，是財運最差的紋路。無論是投資、經

營、借貸、立約等，都會出現問題與阻礙，
此時要量入為出，保守為宜。

⑧、天紋末端朝下彎曲

天紋（感情線）末端朝下延伸至人紋（智
慧線）甚至是地紋（生命線）的人，容易
因為幫人作保，而會有損失財富的可能。

⑨、手指間漏縫

手指與手指之間漏縫多現者，表示不會理
財，寅吃卯糧，不易聚財。

⑩、手掌出現青筋

手掌氣色、血色不佳，而且又出現明顯的
青筋，就是破財的前兆。

財來財去無影蹤

　　財來財去導致生活堪慮而貧賤的特徵，不僅只有手相與面相，身相動作亦多表現。如肩背寒薄、精神渾濁、行動身斜、坐頻搖身、頭先過步、顏色乍變、聲淺無韻、語言不足等。本章第一節與第二節介紹的都是財運不濟、財來財去手面相的顯現，具備的項目愈多，破財的現象就會更加明顯。

1、面相一

請對照面相圖之號碼

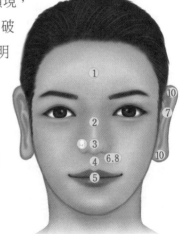

①、官祿宮低陷

官祿宮低陷，自卑感比較重，想要功成名就比較困難。尤其又有懸針紋（主沖財）、橫紋或亂紋，主事業不順財來財去。

②、鼻柱歪、平塌、低陷、無勢

鼻樑歪斜、平塌、無勢、低陷者，均為鼻子失勢之象。為人自卑感比較重，容易消極悲觀，免疫力差容易生病，財帛難聚。

③、準頭有灰黑痣

準頭有灰黑痣者，為人多情，花錢不知節制，財來財去而多潦倒。

④、人中無毛

人中具有流通調解的功能，因此人中以深長寬廣為暢通，淺短狹窄為滯塞。人中的流年在 51 歲，淺短、平滿、狹窄者，此時會感到心情沉悶，工作吃力，常常會有很

多無謂的煩惱與波折，就是這個道理。男人人中無毛，51歲之前要注意破財（勿獨當一面做老闆）。

⑤、牙齒稀疏漏縫

牙齒上寬下窄，大小不一，齒間過於稀疏漏縫，空隙明顯者。主其人品行庸俗，口是心非，錢財難求，錢到手就花出去，因為牙齒代表積蓄能力，牙齒細密的人，善於累積財富，而牙齒稀疏積攢能力弱。

⑥、鼻孔大小不一

鼻孔一大一小，代表收入不固定，花錢沒有節制，但有時又過於小氣，是屬於破財相。

⑦、耳孔太小

小指塞不進耳孔謂之小，代表財庫小，有漏洞，投資判斷易錯誤。貴人找不到，小

人身邊繞，就是對於這種人最佳的詮釋。

⑧、八字鼻孔

鼻孔扁窄如八字狀，是財進財出的典型，婚姻亦不美滿。

⑨、鼻翼有灰黑痣

鼻翼有灰黑色之痣者。左鼻翼有痣，正常事業的收入容易花光，要儲蓄而且兼副業；右鼻翼有痣，用錢比較浪費，連存私房錢或固定儲蓄都沒辦法。

⑩、耳尖又無垂珠

沒有耳珠就難以聚財，再加上耳尖，則代表性情急躁，貴人無助，耳輕無智，難成大業。

2、手相—請對照手相圖之號碼

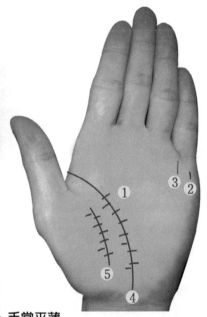

①、手掌平薄

風水曰：「明堂如掌心，家富斗量金。」
意即明堂如同手掌般，在掌心會有凹陷，
代表存得住錢；若手掌平薄，表示沒有財
庫，如此就會有財來財去的現象。

②、財運線很短

財運線（小指下方）很短者，就是財進財出的手相特徵。左手進，右手出，沒有理財的規劃，更沒有儲蓄的想法。

③、財運線很淡

財運線（小指下方）很淡者，沒有多餘的錢財可供運用。不適合做老闆或負責人獨當一面，建議當個安分守己、快樂知足的上班族。

④、地紋雜紋多

地紋（生命線）有很多雜紋（煩惱紋）穿破者，是不懂得說「不」的人。往往受累他人，只要朋友一開口，就不忍心拒絕，是最容易破財的手相類型之一。

⑤、內生命線雜紋多

有內生命線（貴人紋）者是吉相，一生福澤濃厚，吉祥如意，貴人多助，逢凶化吉

之應。但若是貴人紋有很多雜紋穿破者，則與生命線雜紋多一樣，都是為朋友而損財的類型，貴人反而會成為命中的小人。

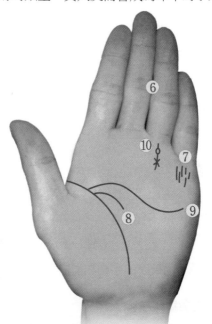

⑥、中指與無名指間漏縫大

中指與無名指之間明顯漏縫很大，表示一

點理財觀念都沒有，常常因為過度無謂的消費而破財。

⑦、財運線多條且短

財運線（小指下方）有很多條，但都是細短之人，是屬於沒有金錢觀的人。賺的錢永遠不夠花，因為他們認為花錢是一種快樂，甚至說是享受來得貼切。

⑧、人紋短

人紋（智慧線）很短的人，表示判斷力很弱。很容易受到外界的誘惑而被矇騙，蓋因識人不清、天真單純所致而破財或吃虧。

⑨、人紋往水星丘延伸

人紋（智慧線）延伸上翹至水星丘者，追求金錢的慾望很強。會讓既有的利益給沖昏了頭，而沒有做出正確的判斷，所以勿受小利誘惑受騙而得不償失。

⑩、六秀紋有島紋或╳紋

六秀紋（成功線）上出現島紋或ㄨ紋者。要注意大額錯誤的投資與購物糾紛，多聽聽幾個身邊人的意見，才不會弄到血本無歸的局面。

他就是一生擁有好財運

　　財運良好謂之富。其特徵是，臉呈圓形，皮膚細膩，鼻如截筒，準頭圓肥，耳厚大貼肉見垂珠，眉長過目，眉間寬廣，眼睛黑白分明，口方而地閣方圓，口稜稍朝上，精神秀異，舉止穩重。

　　再如身體的特徵，腰圓背厚腹垂，或三停平等，五嶽朝歸，五長俱全，五短五露俱全，眼如丹鳳，聲似鳴鐘，並主富相。以下同時具備三項以上者，就是一生擁有好財運的特徵，蓋因「相不獨論」矣！

1、面相—請對照面相圖之號碼

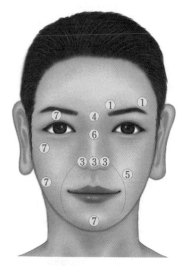

①、福德宮寬廣豐隆

福德宮居於眉毛正上方，是觀察財運及福氣的地方。靠近印堂為內福堂（觀察現在財運與福氣）；靠近眉尾為外福堂（觀察未來財運與福氣）。其部位豐滿光亮、氣色紅潤，主一生少災，祖蔭積善，事業順利，財運亨通。

②、眼睛藏而不露、黑漆如光

眼睛在面相學的部分，佔的分數很高。眼睛代表「緣」。包括「情緣」、「財緣」、「官祿緣」、「事業緣」，若相理不好，也就是「無緣」，所以觀看流年運勢的時候，都要兼看眼睛。眼睛藏而不露、黑漆如光、淡咖啡或淡金黃而透亮的人，精神凝聚，財祿豐厚，平安健康。

③、準頭盈滿、鼻翼豐厚

相書云：「問貴在眼、問富在鼻」，是故從鼻子可分辨其個性、婚姻、疾病、財富。山根寬廣無瑕，年壽圓滑上貫印堂，紅黃紫潤，氣色飽足，蘭臺廷尉高低均等相對應。具此鼻者富貴雙全，妻賢子貴，貴者裨助，門庭隆昌。

④、印堂寬廣無瑕

印堂在雙眉之間，山根之上，主掌災厄、疾病、壽元、朋友等。以豐滿潤澤，明亮

如鏡最好，是屬於一生都不必為錢而煩惱的好面相。

⑤、法令寬廣如鐘延伸至地閣

法令線長又寬廣的人，延伸至地庫、承漿、地閣者，主其人富貴無邊，壽長之徵。

⑥、山根寬廣厚實、飽滿高聳

山根寬廣厚實、飽滿高聳，主祖蔭佳，意志力強，體質好，身心快樂，加上嘴角緊閉，有豐滿感覺的人，一生錢財無缺。

⑦、田宅宮寬廣豐滿

田宅宮上眼瞼（上田宅）；兩顴與附耳（中田宅）；兩腮及地閣（下田宅）等三個部位。主先、後天擁有或購置不動產的狀況與機運。

上田宅佳：能獲得祖先的庇蔭及長輩的提攜。

中田宅佳：表示中年運勢人緣好，自己擁有固定的資產或祖產，住宅環境佳。

下田宅佳：表示晚年家運安定。

⑧、鼻孔有善痣

鼻孔內有黑亮的善痣（痣大、色黑、色澤鮮明光潤、隆起、有長毛、凸出），男性在左邊，女性在右邊。屬於運勢佳，得長輩庇蔭、照顧與上司賞識、器重，財運好的吉祥痣。若善痣位置相反，則吉祥減半。

⑨、肥人有福

傳統相學中有「肥人有福」之說，但強調那人必須是全身皆肥，即脂肪不能積聚於某一個部位。若只有「大肚腩」，而其他地方卻是皮包骨者，便對運勢無任何正面幫助，更有可能是營養不良的象徵。另外，傳統相書亦有謂「骨重名、肉重利」，即肥人聚財之餘，求財亦比其他人更容易。

⑩、唇紅齒白、長大整齊

唇紅齒白，為多子之相，主旺夫，表示腸
胃健康，血液清淨。門齒白瑩，長大整齊
如「牛齒」，齒數三十二顆以上。主其人
家庭興旺，子孫優秀，富多於貴，福壽延
年。

2、手相—

請對照手相圖之號碼

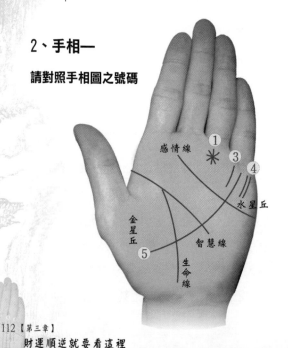

感情線
①
③
④
水星丘
金星丘
智慧線
⑤
生命線

①、太陽丘有星紋

太陽丘（無名指下方）上出現星紋者，是屬於會意外得財之人。表示時常會有與金錢有關的好機緣、好運氣，如投資股票或樂透彩券等，都會得到相當的報償。

②、三條主線清晰整齊、手掌色澤明亮、水星丘發達

天紋（感情線）、人紋（智慧線）、地紋（生命線）三條主線清晰整齊且手掌色澤明亮，加上水星丘（小指下方）發達之人，就是一個擁有財富的典型手相。

③、一條清晰的財運線

水星丘（小指下方）有一條清晰的財運線，是屬於擁有好財運的類型。

④、兩條清晰的財運線

水星丘（小指下方）同時有兩條清晰的財

運線，表示會有很強的財運。

⑤、水星丘延伸至金星丘的財運線

財運線由水星丘延伸至生命線內側（金星丘），是屬於會得到祖蔭與龐大財產的印記。

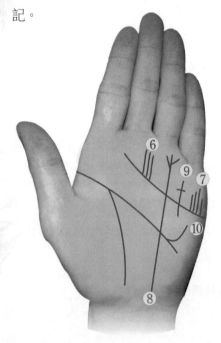

⑥、六秀紋起於無名指，貼於感情線

六秀紋（成功線、財運線）在無名指（太陽丘）下方，起自於感情線而多條者，但不能多過四條。有二、三條主應財運亨通，善於掌握機會，可在股票或不動產方面投資獲利而致富，而且擁有極佳的偏財運。

⑦、六秀紋起於小指，貼於感情線

六秀紋（成功線、財運線）在小指（水星丘）下方，起自於感情線而多條者，但不能多過四條。與起於無名指一樣，都是屬於財運亨通、偏財運旺盛的紋路。

⑧、六秀紋深長

六秀紋深秀細長，手相學謂之「祿馬紋」。男性一生貴人多，易娶富貴妻；女性能嫁富貴之人。若往上再有支紋者，主其人事業多元，名利雙收。

⑨、六秀紋成十字形者

六秀紋成十字紋路者，是為吉祥如意的表徵，一生平安順利，才華洋溢。

⑩、人紋尾端一分為二

人紋（智慧線）尾端分叉為二，叉線往上朝向水星丘（小指下方）。表示是商業奇才，財利可得。

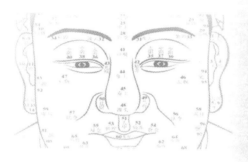

第四章

健康與否
就要看這裡

第四章

健康與否就要看這裡

　　我們常說：萬貫家財，抵不過健康的身體，健康就是財富，健康的人是最快樂也是最富有，再再說明健康的重要性。健康是事業、婚姻的根本，一生幸福的前提，都與健康息息相關；當失去了健康，任何理想與抱負也都只是虛幻而已。

　　任何人若失去了健康，既有的財富、愛情、名利、權勢都會化為烏有。而健康是看不見、摸不著的，如同空氣一般被視為理所當然，並不特別覺得重要或重視，注注等到健康出現警訊時，才知道健康的可貴。在此就讓我們從手面相來預知瞭解身體健康、疾病的軌跡。

　　PS：「相不獨論」，不管論及面相或手相之任何相理時，必須再參照其他部位綜合評論，這是學習與認識手面相應有的態度與技巧。

健康警訊報你知

　　整個臉形給人虛弱的感覺，面急如鼓，臉皮虛薄，神氣昏昧，色滯昏慘，青藍常見。眉低額尖，眉分八字，眉間生毛相連，睛如魚目，兩眼無神。鼻弱樑低，人中短促，睡眼不閉，睡口常開，面青唇黑，齒露唇掀，耳薄如紙，耳門如墨，耳軟鼻軟，項軟頭偏，言談氣短，滿面浮光等皆是體弱多病的特徵。

1、面相一

請對照面相圖之號碼

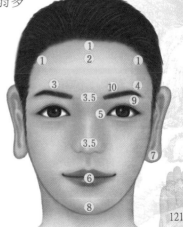

①、眉頭交促

眉頭與肺、耳、鼻相關聯。眉頭（印堂）交促之人，要注意小人多，肺部呼吸系統就比較差。

②、山根折斷

印堂狹窄眉侵印者，肺部呼吸系統必差，若又山根折斷，則婚姻肯定不美滿，要多加注意心血管疾病、直腸、十二指腸的保健。

③、眉中紅子

眉毛中有紅子，若準頭又紅，要注意會有心肌梗塞之危。

④、眼小鼻尖

眼睛細小，再加上鼻尖的人，嫉妒心很重，胃脾均不好。

⑤、鼻樑露骨、扁曲

「疾厄宮」居於山根之下，亦即年上壽上之部位，主掌身體健康、疾病。鼻樑露骨，相學上稱為「反吟」；鼻樑扁曲，相學上稱為「伏吟」。45歲之前要注意婚姻、肝、心、胃的保健。

⑥、山根有灰黑痣

山根下部有灰黑痣，主呼吸不順，常會覺得胃脹、胸悶，精神鬱悶。山根兩側有灰黑痣，會有長久難治的病。

⑦、大門牙缺落

當門二齒缺落者，主一生運程阻滯；少年當門二齒落，則主短壽。

⑧、耳小、肉薄、色枯

耳朵短小、耳肉又薄、顏色黑枯之人。自信心不足，意志不堅並且膽小，因為身心有病而導致生理病變，身體不健康，壽命

自然不長。

⑨、鼻樑有痣

不是真的長痣，是與其他部位相較年壽處如深色陰影般，通常會引起脾胃不適、消化不良、便祕、腹瀉、胃食道逆流等症狀。

⑩、天倉低陷

天倉是眉尾靠近太陽穴的地方，此處有凹陷、痣斑為陷空，主應身體健康欠佳，命運多舛。

2、手相一

請對照手相圖之號碼

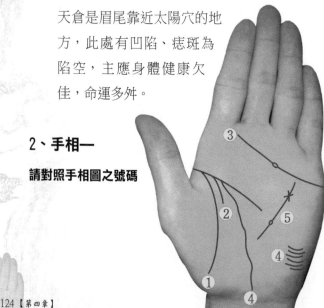

①、地紋狹逼金星丘

地紋（生命線）狹窄近逼艮位（金星丘）者。表示體質不佳，經常生病，必須要注重養生，好好保養身體。

②、地紋短且無奇紋輔助

地紋（生命線）短，又沒有貴人紋（內生命線）或其他好的紋路來輔助者。要多多注意胰臟、小腸、直腸的保健，地紋才會慢慢增長。

③、天紋於無名指下出現島紋

天紋（感情線）在太陽丘（無名指）處出現島形紋者，是罹患白內障或青光眼的徵兆。

④、地紋如波紋或太陰丘多弧線

地紋（生命線）如波形紋或是太陰丘（月丘）上有很多條弧形短線者，是屬於長期

的糖尿病患者。

⑤、**考證紋有島紋、╳紋**

考證紋（健康線）有島
紋，主其人神經衰弱，
睡眠不佳；再加上有
╳ 紋，
更要注意
肝、 膽、
心臟方面的
問題。

⑥、**考證紋有三角紋**

考證紋（健康線）有三角紋，表示泌尿系
統有問題，要注意保養，才不至於嚴重到
要開刀治療。

⑦、考證紋彎曲如波浪

考證紋（健康線）彎曲如波浪般的紋路，
表示消化系統有問題，腸胃出現病變的現
象。

⑧、地紋末端有交叉紋

地紋（生命線）末端有多條交叉的支線，
表示腎臟有問題。

⑨、人紋中斷且末端有交叉紋

人紋（智慧線）中斷且在末端有多條交叉
的支線，是膀胱發炎的症狀。

⑩、地紋有銜接性中斷

地紋（生命線）中斷再銜接者。表示凡事
逢凶化吉，貴人多助，要多注意消化系統
的保健，女性則易有婦科方面的毛病。

災厄橫生禍降臨

　　每個人都希望一生當中能夠一帆風順，萬事如意，但是天有不測風雲，人有旦夕禍福，月總有陰晴圓缺，意外與不幸隨時都有降臨的可能。當今科技發達，交通工具日新月異，人人為名利、生活而東奔西跑，因此意外災厄就隨時會發生。為何做同樣的事情，有人很順利平安，而有人卻時常遭遇挫敗，或發生意外而受傷，嚴重者甚至喪失了寶貴的性命，除了先天八字可以窺出端倪之外，其實手面相就已經有其顯示的跡象存在了。

1、**面相**—請對照面相圖之號碼

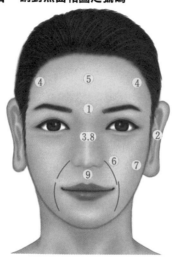

①、印堂黑暗氣色

印堂為思維系統的總開關，也是每個人精、
氣、神意志凝聚的地方，關係著肺部、呼
吸系統、咽喉、食道的功能。印堂為一身
氣色之主宰，兩眉之間印堂呈現黑暗氣色，
如黑氣似煤炭狀，表示其人近日之內，必

有生命危險之情事。

②、耳朵黑氣明顯

耳朵在相學上屬水，若有暗黑氣色渾濁不開的現象，表示元氣已盡，病入膏肓，即將不久於人世。

③、鼻樑黯淡色黑無光澤

鼻子為五官之審辨官，十二相法為疾厄宮、財帛宮，可分辨其個性、婚姻、疾病、財富。當鼻樑部位出現不好的氣色，表示與健康或財富有直接的關係，出門在外要更加防範意外災厄的發生，小心行事為要。

④、額角青黑暗沉

額角相學上稱之為「驛馬宮」，主要觀看一個人出外或遠行的運勢。當此部位浮現出青黑色，而且色澤暗沉無光，象徵在外會有凶象，此時宜靜不宜動，守成為上。

⑤、額頭中正有惡痣

前額中正處出現惡痣（顏色灰暗、毫無光澤、不規則狀），相學稱之為「火煞」，表示忌火、怕火。所以盡量不要去從事與「火」有關的行業或活動，如消防員、廚師等。

⑥、法令紋有惡痣或斷紋

法令紋在男性代表雙腳，女性代表雙手，有惡痣或斷紋者，就是容易發生意外的標記，如摔傷、骨折等。

⑦、命門發黑

命門主要觀看時運與健康狀況，若命門與耳朵同時發黑暗沉，主其人將有性命之危。反之生病當下命門逐漸黃潤明亮，表示即將痊癒。

⑧、年壽有橫紋

年上壽上有明顯橫紋，再加上準頭色黑暗沉，表示災厄即將降臨，嚴重者會有生命危險。

⑨、人中發黑

人中具有流通調解的功能，因此人中以深長寬廣為暢通，淺短狹窄為滯塞。壽命長者，人中一定長；人中長者，壽命不一定長。人中處若發黑，表示會有生命危險。

⑩、雙眼無神

眼神如醉夢般，無神識近乎脫離肉體者。其人在短期之內，會有生命之危，即使是健康無虞之人，也會因為意外而造成不可抹滅的傷害。

2、手相—請對照手相圖之號碼

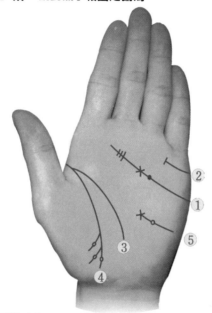

①、天紋有短縱線交錯

天紋（感情線）上有多條短縱線交錯，是
患有先天性心臟病常見的紋路，若再出現
十字紋及黑點者，就會有心肌梗塞而猝死
的危險。

②、家風紋末端有異紋

家風紋（婚姻線）末端有「異紋」阻擋者，除了表示男女不能同心，摩擦爭吵之外，嚴重者會有與配偶死別的現象。是故要多多珍惜彼此之間的緣份，相互謙讓容忍、互助扶持，則此異紋就會漸漸消失。

③、人紋過於彎下

人紋（智慧線）過於彎下靠近地紋（生命線），容易將自己陷於窠臼之中，逃避現實而難以面對社會的變遷與競爭，導致有想不開的念頭，故將此紋稱之為「自殺紋」。

④、地紋末端出現島紋

地紋（生命線）末端有島紋者，在命理上的特徵是「胃癌」。尤其島紋同時出現三個以上的時候，則現象就更加明顯了。所以早期發現，早期治療，以目前醫學的進

步發展，治癒的機率相當高。

⑤、月丘有島紋及十字紋

　　月丘（太陰丘）出現島紋及十字紋者，表示「肝癌」已經悄悄上身，此時若又有斑點，則現象更明顯。

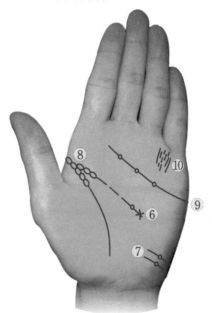

⑥、人紋斷斷續續

人紋（智慧線）呈現斷斷續續的現象，或是人紋出現十字紋，此為顯現腦腫瘤的紋路，若再有島紋者，則病情就更加嚴重。

⑦、月丘下方有島紋

月丘（太陰丘）下方靠近手腕處出現島紋者，是患有「下焦」疾病的訊號，如攝護腺癌、前列腺癌等。

⑧、人紋或地紋起點有鎖鍊紋

人紋（智慧線）或地紋（生命線）起點處有鎖鍊紋者，表示呼吸系統衰弱，如肺、氣管、喉嚨、牙齒、筋骨、大腸等。

⑨、天紋有島紋

天紋（感情線）有島紋者，越多越明顯，表示心臟出現問題，若雜紋又多則更驗，如十字紋、鎖鍊紋、斷紋等。

⑩、水星丘有縱向紋

水星丘（小指下方）有很多條縱向紋者，
是膀胱、腎臟出現問題的警訊，如頻尿、
發炎等。此時要多加保健，紋路就會漸漸
減少或消失。

吉祥如意健康迎

人相學是中國傳統的一門學問，其中融合著中醫學、心理學與遺傳學等的專業知識，並且蘊含著固有傳統的文化與宗教，結合環境與時代的變遷，才能流傳至今，生生不息。

人相學是非常神奇的，除了可以看出其「命運」之外，更可以察覺出一個人的精神狀態與健康指標。研究命理，就是要認識自己，幫助別人，因為我們無法改變出生時的「八字」好壞，但是後天「運勢」的掌握，卻可以利用人相學的命理來推論與預測一個人的吉凶禍福。

1、**面相─請對照面相圖之號碼**

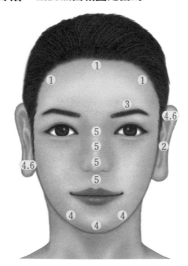

① 、**額頭寬闊，髮際整齊**

額頭寬闊且髮際又整齊者，主父母親身體、
身心俱佳，體力、生命力也旺盛。

三代至五代之間，必定有積善之家，子女
多優秀，父母運勢吉順且富而高壽。

② 、**耳孔長毛或有善痣**

40歲之後，開始長「耳毫」或有善痣者最好，代表生命力強，有壽，生貴子，所以千萬不要拔喔！

③、眉毛整齊過眼

眉毛整齊漂亮有序，左右大小均衡，長過於眼者。加上人中乾淨，上窄下寬，法令寬廣如鐘，主其人富貴無邊、健康長壽之徵。

④、地閣、耳朵豐厚

地閣下巴與耳朵豐厚，耳垂長又結實，且極富彈性。都是屬於有福氣之人，遇事逢凶化吉，貴人多助，身心健全。

⑤、鼻樑挺直豐隆

鼻樑挺直豐隆之人，是面相學中常說的良相。若山根又厚實飽滿無瑕，氣色佳，表示健康運非常好。

⑥、耳朵色鮮有光澤，紅中透白

耳朵為五官之採聽官，色鮮有光澤，紅中
透白則一生衣食無憂，縱有困難也能逢凶
化吉，表示身體健康，運勢亨通。

⑦、三才豐隆有勢

三才與姓名學三才雷同，分為「天」、
「人」、「地」。

「額」稱為「天」，額闊豐滿、高廣光滑，
稱為「有天」，主貴。

「鼻」稱為「人」，豐隆潤澤、直峻圓正，
稱為「有人」，主壽。

「頦」稱為「地」，豐滿盈隆、方厚光潤，
稱為「有地」，主富。

⑧、三停均衡容光煥發，豐潤圓滿

將臉分成三等份，做為探討人生命運少年、
中年、老年之相法。三停以取得平衡等長
容光煥發、豐潤圓滿最為理想，三停平等

則富貴榮顯，三停參差則優劣立現。

上停（從髮際到眉間 15 ～ 30 歲，主青少年運）、中停（從眉間至鼻尖 31 ～ 50 歲，主中年運）、下停（從鼻尖至下巴尖端 51 歲以後，主晚年運）等長最吉，若其中有比較短的，則那一停運勢必不佳。

⑨、面貌五官相理佳

耳朵、眉毛、眼睛、鼻子、嘴巴稱為五官。

耳朵（採聽官）：耳要色鮮、高聳於眉、輪廓分明、貼肉厚實、鳳門寬大者，謂之採聽官成。

眉毛（保壽官）：眉要寬廣、清長入鬢、懸如新月、首尾豐盈、高居額中者，謂之保壽官成。

眼睛（監察官）：眼要含藏、黑白分明、瞳子端定、光彩射人、細長極寸者，謂之監察官成。

健康與否就要看這裡

鼻子（審辨官）：鼻要端直、印堂平闊、山根連印、年壽高隆、準圓庫起、色鮮黃明者，謂之審辨官成。

嘴巴（出納官）：口要方大、唇紅端厚、角弓開大合小者，謂之出納官成。

⑩、整體相貌總論

耳朵要厚實有肉、輪廓分明；額頭要寬廣飽滿、氣色光潤；眉毛要清亮秀氣、眉高形佳；眼睛要藏而不露、黑漆如光；鼻子要厚而端實、豐隆潤澤；地閣要寬廣方厚、豐滿圓潤，是謂相貌堂堂，表示富貴榮華，福壽齊全。

2、手相—請對照手相圖之號碼

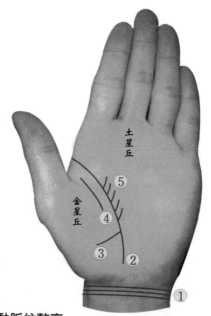

金星丘

土星丘

⑤

④

③ ②

①

①、動脈紋整齊

動脈紋三條都整齊者，表示一生健康如意，

事成業就，起居安樂，能享高壽。

若出現第四條動脈紋，是祖先、父母或自

己做善事所產生的陰騭紋，主其人身體健

康，事業有成，夫榮子貴，福壽齊全。

②、地紋清晰深長

地紋（生命線）清晰、深長且無雜紋的人，表示身強體健，精力旺盛，活動力強，屬於長壽之相。

③、橫跨地紋與金星丘

紋路橫跨地紋（生命線）與金星丘謂之「活力線」，是精力充沛、身體力壯的象徵。

④、貴人紋靠近地紋且清秀

貴人紋（副生命線）平行靠近於地紋（生命線）且清秀者，越長越佳，主其人一生健康少病，婚姻幸福，並且可以輔助其他紋路功能的不足，尤其金星丘豐滿又富有彈性，則更能夠相得益彰。

⑤、地紋連接上升支線

地紋（生命線）連接數條支線，朝土星丘（食指下方）攀升，是屬於平安健康、運

勢漸佳的類型。

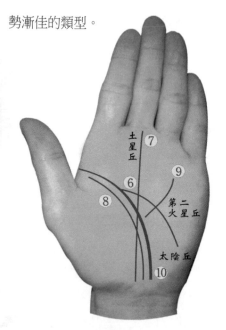

⑥、人紋與地紋有長重疊

人紋（智慧線）與地紋（生命線）有很長
的相互重疊，而且延伸至第二火星丘或太
陰丘，表示精神奕奕，健康有活力。

⑦、玉柱紋直上土星丘

地紋（生命線）很短，一般認為是難以長壽之徵，但若是玉柱紋（事業線、命運線）由腕部直上土星丘（食指下方），是輔助生命線不足的好紋路，即所謂「命好不如運好」矣！

⑧、雙重地紋

具有兩條地紋（生命線），是屬於身體強壯、健康如意、運動神經發達的類型。

⑨、考證紋不現

考證紋（健康線）沒有明現於手掌中，那就是表示身體狀況良好；反之出現健康線，則是健康出現問題的徵兆。

⑩、地紋越來越深長清晰

地紋（生命線）由起點開始越來越清晰且深長者，表示身體狀況漸入佳境，精神體力漸漸提升。

第五章

子女緣份深淺
就要看這裡

第五章

子女緣份深淺
就要看這裡

　　世界上最珍貴的是親情，「嬰」為女，「兒」為男，每一個嬰兒來到世上，多數都會受到父母親無微不至的呵護與照顧。與子女緣厚之人，不僅可以得到父母的疼惜與關愛，更能有利於未來的發展；反之，與父母緣份淺薄之人，除了無法得到應有的照顧之外，對於未來的發展往往也會受到限制。接下來我們就由手相與面相的介紹，來瞭解與六親緣份深淺的緣由。

PS：「相不獨論」，不管論及面相或手相之任何相理時，必須再參照其他部位綜合評論，這是學習與認識手面相應有的態度與技巧。

與子女緣份深淺一看就知道

　　「子女宮」居於兩眼之下，稱為淚堂，又名男女宮，主掌子女運勢及異性的對待關係。宜淚堂之位豐滿平潤，主身心健康與子女緣厚，子孫昌隆，且能受於子息的惠蔭；若淚堂深陷凹痕、痣斑黑青，主與子女緣薄，並且易有刑剋。

1、面相—請對照面相圖之號碼

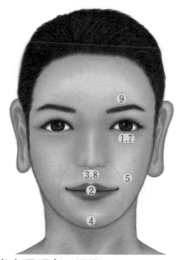

①、淚堂光澤明亮、平滿

淚堂平滿明潤者，主應兒孫福祿雙收，子女健康優秀。若能時常暗中做不為人知的善事，真心關懷幫助別人，救人於危急危難之時，也就是「積陰德」。久而久之，子女宮自然會光澤明亮，或是在眼唇下方呈現黃色環繞，則為「陰騭紋」現，據此可知此人常在做善事，幫助他人，則原先

子女緣份深淺就要看這裡

不好的運勢也會隨之改變。

②、口正唇紋多

子星在口，口唇要有紋，紋多口又正，子女多優秀且與子女緣份深厚。

③、人中深長光潤

人中深長，色澤光亮，上窄下寬者。主壽高、子孫賢孝、財運亨通、漸入佳境之相。

④、地閣圓厚

地閣就是臉頰的下部，俗稱「下巴」、「下巴頦」，十二宮相法為「奴僕宮」。流年為61～75歲，關係到一個人的貧、賤、貴、富、晚運、夫妻運、子女運等。

地閣寬廣圓厚，妻賢子孝，受人尊敬，家庭幸福。

⑤、法令寬廣

三十歲過後法令愈來愈明顯才屬正常，法

令主官職、權勢、領導、指揮、事業等，會隨著年紀而增長。法令寬廣，表示胸襟開闊，個性隨和穩重，善待下屬及晚輩，與子女緣份深厚。

⑥、雙眼凹陷三角眼

雙眼凹陷無力，又呈三角眼者，表示與六親關係不佳，彼此互動少，子女緣薄。

⑦、淚堂有惡痣亂紋

淚堂有惡痣亂紋者，大多與子女親情緣份較薄，本身身體狀況也不好，兒孫到老容易有刑剋。

⑧、人中歪斜有直紋

人中位置歪斜者，與子女親情較薄弱，若再加上人中有直紋則現象更明顯。

⑨、眉毛稀疏或無毛

眉毛稀疏、毛逆、毛豎者，主老來孤獨，

與子女緣份淡薄。

⑩、後龍氣歪斜或扁陷

　　後龍氣（後腦）歪斜或扁陷者，主應中老
　　年敗業、體弱多病，難得子息之蔭。

2、手相—請對照手相圖之號碼

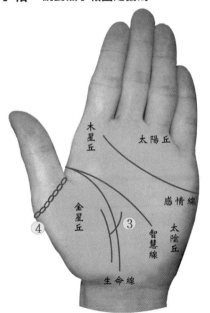

155

①、主線長且均衡漂亮

三條主線（感情線、智慧線、生命線）長且均衡，並且沒有雜紋與細細的紋路者，表示不用為兒女操心，子女賢孝。

②、地紋漂亮且金星丘發達

地紋（生命線）漂亮無雜紋與亂紋，再加上金星丘豐滿發達者，是與子女感情深厚的表徵。

③、貴人紋出現上升支線

位於地紋（生命線）內側的貴人紋（內生命線），有一條橫切過生命線的上升支線，則表示此人與子女關係良好，並且能夠得到子女的奉養與孝敬。

④、拇指底部形佳無亂紋

拇指底部一般都呈現鎖鍊紋者居多，只要是形狀有序無雜亂，表示親子關係融洽，

同時也是長壽之相。

⑤、星紋出現在星丘

舉凡星紋出現在星丘者，大致都是屬於吉
利之意。如金星丘、太陽丘、太陰丘、木
星丘等。

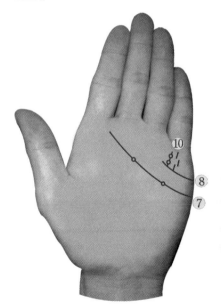

⑥、小指過短、歪曲、傾斜

小指第一節代表商業頭腦，第二節代表辯才能力，第三節代表邏輯與推理，同時也與子女的休咎有關。若小指過短（正常者與無名指第二指節處等高）、歪曲、傾斜者，表示經濟狀況不佳，自卑感重，缺乏責任心，並且與子女緣薄，關係不親密。

⑦、天紋有島紋

天紋（感情線）有島紋，加上小指無法貼合無名指者，表示與子女緣份淺薄。

⑧、家風紋不現

家風紋（婚姻線）沒有的人，大多會與子女無緣，因而在婚姻中留下遺憾。

⑨、指甲沒有光澤

由指甲可以預知身體的健康狀況，倘若指甲毫無光澤，表示該女子孕育的條件並不

好，與子女緣份淺薄。

⑩、子女紋有島紋

子女紋（子女線）有島紋又有斷裂者，表示兒女多疾病，身體不好，造成與子女緣薄。要多多注重養生，多做善事，行善積德，則不好的紋路就會漸漸消失。

生兒育女知多少

「子女紋」起自於婚姻線上或婚姻線末端往上直立。紋路細微到有時需要用放大鏡才能看得清楚，而紋路的多寡並不代表有多少子女，一般由女性的右手來觀察會比由男性來分辨更加準確。子女紋清晰正直，表示喜愛兒子，而且子女身體健康；若子女紋模糊不清或是歪斜曲折，則顯示子女身體不好，不易養成。

1、面相—請對照面相圖之號碼

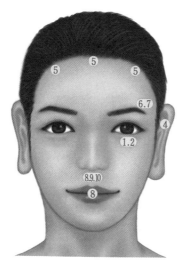

①、子女宮凹陷

　　子女宮若缺少像臥蠶似的肉，下眼瞼會深凹下去，如此生殖能力就會有問題，或是與子女比較無緣。

②、子女宮與小腦

　　子女宮為小腦功能的儀表，如懷的是男胎，母體分泌的男性賀爾蒙較多，所以子女宮

氣色會像原來的皮膚，透著黃潤，或微微
的泛紅；若是女胎母體分泌的女性賀爾蒙
較多，子女宮氣色會好像睡眠不足呈現淡
青。但有些女性，因為懷孕期間過於緊張
與不適，導致經常失眠，以致於眼眶呈微
微泛黑，此時便不容易辨識了。

③、肚臍變化

可以觀察肚臍，在懷孕三、四個月時，肚
臍就已經凸了出來，那是女胎；若要等到
第八、九個月時才凸出來，那一定是男胎。
肚臍顏色變深，母子一定平安。

④、耳朵觀察子女

長男或長女，耳廓一定比較平坦。若不是，
則可能母親第一胎有流產或有夭折，或是
有難言之隱。

⑤、頭髮粗硬雜亂，髮際旋毛亂紋

頭髮粗硬雜亂，個性不佳，運勢不順，額的髮際有旋毛亂紋，自己和父母親的個性不合。在以往可以「過房」，也就是過繼給家族內任何一房沒有子息的，如此方可改善。但是如今的年代，可以認乾爹、乾媽來化解。

⑥、眉尾整齊有聚

眉尾是「夫妻、財帛、子女」之宮，與肝、小腦相聯屬。所以肝臟好的人，眉尾必聚、一定彎下、一定過目。則事業有成，財富有聚，夫妻美滿，子女多優秀。

⑦、眉尾橫紋或直紋

有直紋或橫紋在眉頭，對自己兄弟姊妹有相沖（互相不和睦），在外有平輩的小人；直紋或橫紋在眉尾，與妻子、子女緣份比較薄（聚少離多或是自己或妻子兒女有難）。

⑧、唇紅齒白，人中乾淨，上窄下寬

唇紅齒白，人中乾淨，上窄下寬，為多子
之相，主旺夫，子女多優秀，腸胃健康，
血液清淨。

⑨、人中有痣

人中的痣要有光澤，沒光澤的比較會與子
女發生摩擦。中端有黑子者，比較沒有耐
性，容易浪費金錢，出入大，財庫難守，
娶妻易養兒難。漆黑之痣要明亮有光澤，
又長毛者，主生個有智慧聰明之子；女性
人中有兩個黑子者，生雙胞胎的機會很高。

⑩、人中平滿

女性人中平滿者，生男少，生女多，子宮
發育不良，比較會流產，懷孕生育困難，
要多注意身體的保健；男性人中平滿者，
與子女緣薄。

2、手相—請對照手相圖之號碼

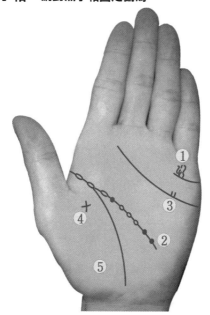

①、子女紋彎曲亂紋

子女紋（子女線）有很明顯的彎曲或亂紋，
是兒女體弱多病或是患有先天性疾病的現
象。

②、人紋有連續島紋或黑點

人紋（智慧線）有連續島紋或是黑點者，加上小指彎曲細弱，表示子女的身體狀況不佳。

③、天紋前端有兩條直紋

天紋（感情線）前端有兩條向上的短直紋，是個性良好，有智慧，重視家庭，疼愛子女，而且子女皆有所成的好紋路。

④、震位有十字紋

震位出現十字紋者，表示子女皆能成器，並且到老都會承歡膝下，共享天倫之樂。

⑤、艮位高凸血旺

艮位高凸隆起且肉軟色潤者，表示消化系統很健康，進而使得身體各項機能都能夠得到滋潤，身體安康，是故子女必多。

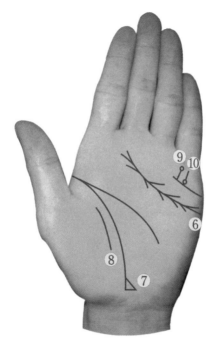

⑥、天紋起點分支，末端有叉紋

天紋（感情線）起點有分支線，末端有叉

紋者，主其人感情豐富，樂於助人，溺愛

子女，但卻得不到朋友的回報或子女的孝

養。

⑦、地紋末端有三角紋

地紋（生命線）末端有明顯的三角紋，表示第六感很敏銳，子女賢孝，晚運亨通。

⑧、地紋旁有貴人紋

地紋（生命線）旁有貴人紋（內生命線、祖蔭紋、陰騭紋）出現者，主其人祖德深厚，子女賢能孝順，凡事逢凶化吉。

⑨、子女紋止於島紋

子女紋（子女線）末端有島紋者，是屬於子女體弱多病的紋路，要細心扶養，方能長大成人。

⑩、子女紋起端有島紋

子女紋（子女線）起點有島紋者，是嬰兒幼年時期會有災難的現象，若此紋後半部深秀明顯，表示健康狀況會愈來愈好。

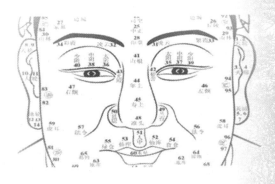

第六章

事業榮枯
就要看這裡

第六章

事業榮枯就要看這裡

　　每個人都希望自己能夠立業成功，除了命運的幫助之外，事業成功的基本條件還必須具備對事業的熟悉度、本身的能力、人際關係的營造、誠信、決心、親力親為、努力不懈、勇於挑戰、善用時間與健康的身體等；若是恃才傲物、任性而為，就算是獲得成功，也不會持續太久。

　　俗話說：「一分耕耘，一分收穫。」成功的大門永遠是敞開著，等待善於把握機會、堅持理想而奮鬥的人，雖然過程艱辛困難，但最後成功的果實一定是甜美而亮麗。現在就讓我們由手面相來探索其中的奧袐吧！

　　PS：「相不獨論」，不管論及面相或手相之任何相理時，必須再參照其他部位綜合評論，這是學習與認識手面相應有的態度與技巧。

步步青雲事業成

　　俗話說：「命好不怕運來磨。」言下之意是說天生好命的人，即使一時運勢的不順，最終也都能時來運轉而否極泰來，表示先天地基穩固。古往今來許多世家，無非積德；天地間第一等人，還是讀書。古往今來若能尋求「善功」，諒能趨吉避凶，福上加福，是謂「善念若力行，有求必有應，功能回造化，力可挽天庭，貧賤轉富貴，患難得救星，長壽如松柏，養子獲麒麟，若能永持續，功德更非輕，常施陰功者，天神必感應。」命運好的時候，若能積德行善，則必定可以步步青雲事業有成，嘉惠後世子孫；命運不好的時候，亦可減輕甚至化險其凶災。

1、面相—請對照面相圖之號碼

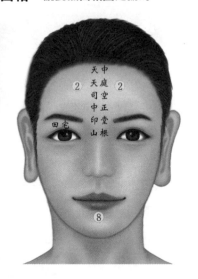

①、伏犀貫頂

鼻樑骨隆起，向上連接天庭，又直入髮際，是謂「伏犀貫頂」，主頭腦特別發達，做事有毅力與恆心，肯學耐學，領導力強，事業有成，如蔣友柏。

②、頭角崢嶸

日月角有骨突起，古相書形容為「頭角崢嶸」，表示少年得志，父母遺傳良好，將來事業較易成功，也主父母健康有名望與地位。

③、朝天犀

印堂骨直上天庭，骨相稱為「朝天犀」，與「伏犀貫頂」有異曲同工之處。山根高、額高、顴骨也要高。古時候可貴為宰相，現今可貴為大官或是事業非常有成就的企業家，如郭台銘。

④、額頭寬闊，平潤光滑

額頭寬闊，平潤光滑，是額頭有「天成骨」，有「天福運」，表示有貴人、有人緣、有福氣，30 歲之前就擁有祖業，或自己創業或投資房地產有成。

⑤、耳朵厚實廓豐，長大垂珠達口角

耳朵厚實形美，長到鼻準以下者，稱為「垂肩耳」，配合口角朝上、人中上窄下寬、地閣豐滿、額頭寬隆、眼睛細長、鼻樑挺直、兩顴骨無缺陷，必定能夠大富又大貴。

⑥、官祿宮光潤平整，瑩淨無痕

官祿宮又稱為「事業宮」，主一生功名與事業運，包含天中（16歲）、天庭（19歲）、司空（22歲）、中正（25歲）等部位要光潤平整，瑩淨無痕，始稱合格。

⑦、印堂豐滿潤澤，田宅宮寬闊無瑕

印堂、山根豐滿潤澤，田宅宮寬闊無瑕之人，加上額頭光亮，雙眼清澈明亮，眼光柔和，表示事業運極佳。反之額頭有紊亂的雜紋，鼻子扁塌無勢，則事業運一定不好。

⑧、眼睛內雙，承漿微凹

雙眼皮之人，膽子大，個性強而樂觀，但對於感情是衝動又脆弱；單眼皮之人，理性、細膩、敏銳、有智慧，可是隱藏著神經質的敏感個性；內雙之人，具有雙眼皮和單眼皮的融合個性，是為好相。加上承漿微凹，為晚年財庫有守；若過於平坦，表示個性容易衝動，晚年財運不佳。

⑨、鼻如截筒堅挺有力，準頭豐圓

鼻如截筒堅挺有力，準頭豐圓，蘭臺廷尉不仰不露，相輔相應，加上雙顴飽滿，表示此人衝勁十足，在事業上能有一番作為。

⑩、印堂盈缺

印堂美好屬陽；印堂破陷痣紋屬陰。印堂陰相者，不要自己做老闆，安分守己即可。可從事「異路財榮」之行業，如自由業、服務業、命理業等，或是無上司與部屬的

小生意，或是擁有一技之長，也是可以有
所成就。

2、手相—請對照手相圖之號碼

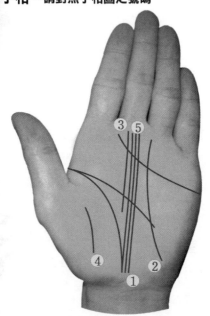

①、玉柱紋直上離宮

玉柱紋（事業線）是前腦、頂腦組織所產生的意念，再由意念激化內分泌侵蝕而成。若事業線由手腕處直上離宮（土星丘）者，表示此人能夠白手起家，貴人多助而成名致富。

②、沖天紋直上天紋

沖天紋深秀直上天紋者，表示樂觀進取，無畏險難，精力充沛，衝勁十足，因而事業步步高升，宏業漸達。

③、玉柱紋起於明堂向上延伸

玉柱紋（事業線）起於人紋（智慧線）下面向上延伸者，能奮發向上，努力不懈，步步青雲，事業有成。若手腕處「坎宮」又豐滿者，表示有祖蔭，生活安康，衣食無缺。

④、貴人紋遠離地紋

一般貴人紋（內生命線）離地紋（生命線）都會很近，若彼此有點距離者，亦稱「陰騭紋」。主其人有祖德或自己經常在做善事，出外朋友或貴人多助而事業亨通。

⑤、雙條玉柱紋

有雙條玉柱紋（事業線）者，表示此人可以同時經營兩種以上的事業，而且諸事如意，事業亨通。

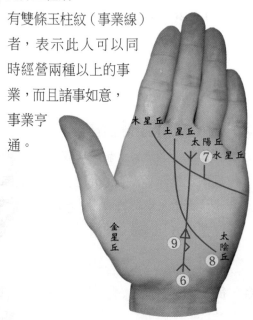

⑥、玉柱紋末端或起點成三叉狀

玉柱紋末端有三叉狀者，是非常難得呈現的事業線，表示萬事如意，功成名就；起點有三叉紋者，主應順水行舟，名利雙收。

⑦、六秀紋短秀深直起於天紋

六秀紋（成功線）短短的一條，紋細深直起於天紋者，主其人有穩定的收入，而且能夠機敏的掌握運勢與機會，晚運順慶，事業騰達。

⑧、玉柱紋起於月丘直抵土星丘

玉柱紋（事業線）起於月丘（太陰丘），延伸至中指下方（土星丘）。表示經營跨國貿易事業，人脈廣布，事業有成。

⑨、玉柱紋出現三角紋

玉柱紋（事業線）旁出現三角紋者，主其人有升遷之喜或是創業有成的現象。

⑩、明堂如掌心，家富斗量金

各星丘（木星丘、土星丘、太陽丘、水星丘、金星丘、太陰丘）都很明顯的發達飽滿，而中央（火星丘）稍微下陷，整個手掌帶有淺潤色的人，主應駿業暢然，廣進田財。

事業挫敗橫逆生

　　事業上成就的高低，往往是評斷與衡量一個人的成功與否，雖然是有點以偏概全，但卻是古往今來不變的原則。正因為如此，不管男女都希望在事業上能夠飛黃騰達，創立豐功偉業。接下來，我們就一起來研究探討事業失敗是如何由手面相來發覺。

1、面相一

請對照面相圖之號碼

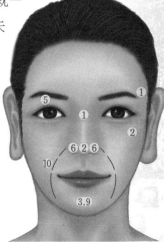

①、天倉、山根凹陷

天倉代表著是否有貴人相助；山根是個人
意志力、祖蔭、體質的顯現。若天倉、山
根有凹陷、痣斑就是本身基礎不佳，自主
創業能力弱，理財觀念差，建議當一個安
分守己的上班族為宜。

②、顴骨、準頭低陷

顴骨低陷，主無權；準頭低陷，主財敗。
自信心不足，守不住錢財，貴人無助，中
年敗業。

③、地閣歪斜

地閣歪斜的人，容易受到朋友的拖累與陷
害，不善於人際關係的經營，個性執拗，
不懂處事圓融委婉，導致事業少成多敗。

④、頭小額小

頭小額小，再加上足薄無肉，這是思維系

統和運作系統，也就是腦組織與五臟六腑和手腳經脈發育不良，使得智慧不開，不會掌握現在與未來，以致於創業無成，到老貧困無依。

⑤、上眼瞼下陷、眉壓眼

上眼瞼下陷，表示心事時常壓抑著，再加上眉壓眼，則40歲之前，事業不順易破財。

⑥、眼睛大、鼻翼過小

眼睛大，鼻翼過小的人，是屬於賺多少花多少、不會量入為出、未雨綢繆的「月光族」，不利自行創業，多招凶厄，耗損田財。

⑦、面大鼻小

面大鼻小的人，表示面無主星，最不適宜當老闆或主管。男性容易娶到悍妻；女性難享夫福。

⑧、耳朵高低、形狀不一

耳朵一高一低，形狀又不一致，對父母親比較不孝順。若再加上山根低陷、年壽歪，主應 50 歲之前，會有敗業破財的現象，故不適合自行創業。

⑨、地閣有直紋或橫紋

地閣有直紋或橫紋均非吉相，也稱為破福相，要注意 70 歲或 71 歲生日後，健康和事業方面，至少會有一項不順。蓋因為個性不隨和，好吹毛求疵與無理的挑剔，偏偏又沒有個人專業的意見，以致於遭人杯葛，得不到部屬的幫助，與員工也多失和，會得不到晚輩的敬重而影響到事業的發展。

⑩、法令紋斷斷續續

法令紋彎曲中斷不連續，是缺乏領導能力、性情不定之人。是故不具備創業的能力，

在事業上僅能孤軍奮戰，難成大業。

2、手相—請對照手相圖之號碼

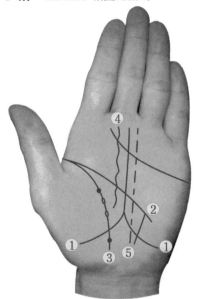

①、玉柱紋起於艮宮和乾宮

玉柱紋（事業線）一端起於艮宮，一端起

於乾宮，主應此人做事不務實，好高騖遠，

事業挫敗。

②、止於人紋的玉柱紋

玉柱紋（事業線）起自手掌的下端或手頸紋，止於人紋者。若沒有良好的六秀紋輔助，主其人事業的成就，總是曇花一現，最終必遭破敗。

③、地紋有蛋紋、圈紋、斑點

地紋（生命線）出現蛋紋、圈紋、斑點者，表示個性憂鬱、悲觀，性情不定，身體多恙，導致事業不順，難成駿業。

④、玉柱紋彎彎曲曲

玉柱紋彎彎曲曲的人，做事總是三心二意，沒有人生的目標，無法專心事事，更沒有專業才華，是事業不順的紋路。

⑤、玉柱紋斷斷續續

玉柱紋斷斷續續的人，表示缺乏衝勁、意

志薄弱，因而影響本身的運勢。是故要改變習性，積極奮發，盡心敬業，則事業線會漸漸連起來，事業才會有所起色。

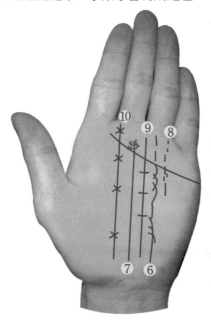

⑥、玉柱紋斷裂雜亂

事業線中途斷裂又延續，且呈現階梯狀者，

是無法專心於事業或工作。臺語俗諺「一暝全頭路，天光無半步」的最佳詮釋。

⑦、玉柱紋起於坎宮直上天紋成穗

事業線起於坎宮（地丘）直上天紋（感情線）散聚如禾穗者。表示其人個性不佳，在外對異性慷慨，對內卻一毛不拔，婚姻不好，事業先成後敗。

⑧、六秀紋殘破不全

六秀紋（成功線）殘破不全的人，主應身體狀況不好，體力不濟，精神不佳，意志薄弱，缺乏鬥志與信心，事業無成。

⑨、玉柱紋出現小橫紋

事業線出現小橫紋，俗稱「橫切紋」、「破壞線」、「小人線」。主應在事業上常遭遇小人破壞，橫切紋路粗而深，則破壞力最大，導致勞碌傷神，事業挫敗，若僅是

小小的橫切細紋，頂多只是破財消災而已
（破壞線年份可依第一章第五節掌紋流年
計算之）。

⑩、玉柱紋有失神紋

事業線出現失神紋的人，要小心遭逢意外
之災。主應事業失敗，破財損耗，官非訴
訟，流年將屆必須要特別小心注意為宜，
以減輕不必要的損失與災難。

第七章

個性優劣 就要看這裡

第七章

個性優劣就要看這裡

誠實與信用是做人做事的基本，更是與人交往必備的條件。倘若此人心術不正，說謊成性，膨風吹噓，心裡想的就是要如何算計別人或是不懷好意的人，是無法得到他人的讚賞與歡迎。反之，每個人都喜歡與心地善良、性情溫和、心胸寬大、品格高尚的人在一起。

個性是決定一個人成功與否非常重要的關鍵。當我們運勢不順、身體不佳、財運不利、婚姻不好的時候，其實都是屬於短暫性的。只要我們好好的愛自己，心存善念，口說好話，手做好事，心想好願，則手面相一些不好的現象，都會漸漸改變，運勢自然流暢，所謂「相由心生」就是這個道理。

PS：「相不獨論」，不管論及面相或手相之任何相理時，必須再參照其他部位綜合評論，這是學習與認識手面相應有的態度與技巧。

什麼叫做「歹鬥陣」

在當今網路科技發達，人際關係頻繁接觸的現實社會當中，無論是處於家庭、社團、公司，都希望能夠相處融洽，甚至得到他人的欣賞與尊重。倘若有人過於特立獨行，剛愎自用，總是唯我獨尊，無法融入群體之中，那麼一定會招人反感，嚴重者甚至會破壞整個團隊的和諧，造成劣幣驅逐良幣的現象。

1、面相—請對照面相圖之號碼

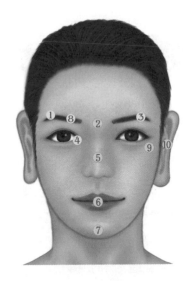

①、眉骨高凸

眉骨高凸，加上眼睛深陷的人，自傲高大、
勢利眼、陰沉、媚上，喜歡逢迎聽好話，
與其交往要小心為宜。

②、印堂窄逼多雜毛

印堂在雙眉之間，山根之上，又稱為「父

母宮」，主掌災厄、疾病、壽元、朋友等，更是精神生活的氣象臺。印堂能容二指的人，屬於樂天派人士；狹窄的人，則時常鬱鬱寡歡，度小量狹，加上雜毛又多，表示其人際關係不佳，固執倔強，性情不定。

③、眉毛看個性，鼻子看健康

眉毛看個性，鼻子看健康。所以眉毛相理好，個性優良；眉毛欠佳者，則人性中比較雜，帶有獸性也。因為眉毛為人類所獨有，動物則無。

④、習慣斜眼看人

時常習慣以斜眼看人或是將眼球往上挑的人，不是壞人就是心術不正，個性驕傲，自我本位主義很重，多目中無人，自以為是。

⑤、三彎鼻

準頭尖且肉薄，山根低平，年壽凸起，整個鼻塌弱彎曲無勢，正面、側面看皆呈彎曲狀。具此鼻者性格多變，孤掌難鳴，災厄疊至，一貧如洗，六親無緣。

⑥、齒列參差不齊

牙齒參差不齊的人，尤其是女性，一般婚姻、交友狀況均不佳，蓋因性情剛烈，難以溝通。

⑦、下頜凸出

下頜（下巴）凸出的人，有自負而倔強的個性，很愛面子，自視甚高，獨裁任性，是故很容易得罪人。其有精密的腦力與思考力，但終究個性太強，很容易樹敵，招人反感。

⑧、眉毛間斷散亂

眉毛間斷，性格孤僻；眉毛散亂，自私任

性。此人疑心病很重，不懂得人情世故，唯我獨尊，自以為是，心胸狹窄，造成人際關係不佳。

⑨、顴骨高凸近眼

顴骨高凸過於靠近眼睛的人，俗稱「顴眼相鬥」。主其人個性倔強急躁，剛愎自用，不輕易採納別人的意見，對人苛刻。

⑩、輪飛廓反

耳朵外圈為輪，天輪開花無邊稱為「輪飛」；內圈骨為廓，耳輪外凸包不住耳廓稱為「廓反」。輪飛廓反的人，性格固執，剛愎自用，叛逆任性，自恃甚高。

2、手相—請對照手相圖之號碼

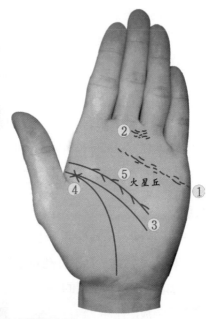

火星丘

①、天紋斷續紊亂

天紋（感情線）斷續紊亂者，主其人自信
心不足，情緒不穩，個性不佳，大多數為
脾氣火爆之人。常常無法克制自己的行為，
口出惡言，怒目相向，很難與人平和相處。

②、月暈紋雜亂無序

月暈紋多且雜亂者，是個性不良，妄言孤單，觀念偏激，做事乖張的顯現，讓人難以親近，婚緣淡薄。

③、人紋中交叉紋多現

人紋（智慧線）中出現許多交叉紋者，是屬於具有暴力傾向的人。與人稍有爭執便會惡言相向，甚至辱罵毆打，對其敬而遠之是最佳的處理方式。

④、人紋起點出現╳紋

人紋（智慧線）起點有乂紋出現，表示此人個性高傲倔強，兇暴乖戾，目中無人，很難與其相處。

⑤、火星丘厚實隆起

火星丘（掌心）要有明顯的低陷，才是標準的手相，所謂：「明堂如掌心，家富斗

量金。」倘若火星丘厚實隆起，雖然是具有強烈的鬥志，但是此人自我意識特別強，容不下別人的意見，攻擊性很強，自私自利。

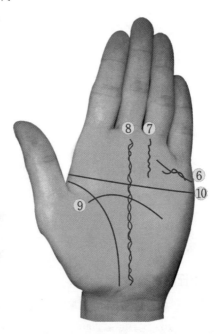

⑥、家風紋與月暈紋互沖

家風紋（婚姻線）與月暈紋互相沖破者，主其人個性自私自利，情緒不穩，出爾反爾，對人充滿敵意。

⑦、六秀紋曲折

六秀紋（成功線）曲折的人，聰明多智，但是生性狡猾多猜疑，凡事鑽牛角尖，不走正途。

⑧、玉柱紋出現鎖鍊狀

玉柱紋（事業線）如鎖鍊紋形的人，主其人個性不佳，多愁善感，鬱悶寡歡，好色成性。若出現良好的六秀紋（成功線）予以輔助，則不吉的現象會減低。

⑨、人紋竄入地紋

人紋（智慧線）竄入地紋（生命線）之內的人，是個性偏激倔強，急躁易怒，行為

輕率，因而與人常起爭執。

⑩、斷掌紋

天紋與人紋合而為一者，稱之為「斷掌」。斷掌被視為大吉大凶的紋路，好的方面，勇敢任事、積極果斷、精神旺盛、執行力強，在事業上容易成功；壞的方面，個性頑固、急躁易怒，不容易放下身段。

廣結善緣人人誇

　　在科技資訊進步發達的社會當中，彼此的
分工合作與人際關係的培養更加重要。尤其在
講求快速與效率的當下，人與人之間的交往已
經無法花費許多時間去深入瞭解與認識，因此
在短暫的接觸當中，藉由手面相就可以提供給
我們很多資訊，尤其是初識者，不可能以手相
識人，所以更需要藉由面相來判斷對方是否是
值得繼續交往或是合作的重要依據。

1、面相—請對照面相圖之號碼

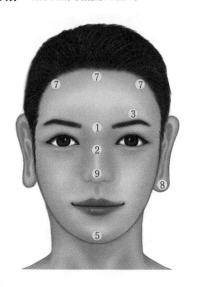

①、印堂寬平如鏡、兩眉開闊清朗

　　印堂是精神生活的氣象臺，若相理好，就
會遺傳好的因子，個性好、脾氣好，壞的
因子就進不去，能得到客戶的信任與老闆

的提攜。因而婚姻美滿、身體好、智慧佳。

②、鼻樑端正

鼻樑代表一個人的思想，鼻樑端正是個性
耿直、做人實在、為人誠懇的表現；反之，
若鼻樑歪斜不正，說明此人自私自利，佔
有慾特別強，投機取巧，人緣不佳。

③、福德宮豐滿光亮

福德宮居於眉毛上方，主掌一生之福、祿、
壽，又稱為「交友宮」。此處氣色紅潤，
沒有惡痣或凹陷疤痕，表示其人心胸開闊，
時時與人為善，積極樂觀，人緣極佳，貴
人多助。

④、眉毛均勻秀氣

眉毛均勻秀氣，優雅端正，表示此人誠正
信實，為人隨和，容易與人打成一片，出
外貴人也多；反之，眉毛稀疏或濃密不一，

是行事極端、缺乏貴人之應。

⑤、地閣厚實圓潤

地閣厚實圓潤，氣色潤澤，表示樂觀主動，
心口一致，廣結善緣，誠信務實，品行高
超，部屬得力，承諾的事情說到做到。

⑥、耳朵貼腦

耳朵貼腦的人，做人慈善，樂於付出，做
事認真負責，有條不紊；反之，若耳朵外
翻招風之人，個性倔強，叛逆成性，不易
與人相處。

⑦、額頭寬闊飽滿

額頭可以看出此人的聰明才華與個性，寬
闊飽滿無瑕之人，人際交往能力佳，與人
理性的相處，和諧的溝通與交流，心胸開
闊。

⑧、耳有垂珠厚實

耳珠即是耳垂，耳垂長大厚實，表示此人個性隨和，心胸開闊，凡事不與人計較，歡喜接納建言，承擔責任，所以朋友相對就很多，是為有福之人。

⑨、準頭豐滿隆起

準頭代表理財能力與人際關係，準頭圓潤無瑕，表示做事認真、踏實、嚴謹，與人交往處處為他人著想，是非常受到大家歡迎的人。

⑩、眼長而秀麗

眼睛細長秀麗、黑白分明的人，會常常默默的關心與呵護他人，加上眼角稍微上揚，則善於與人溝通協調，人緣頗佳。

2、手相—請對照手相圖之號碼

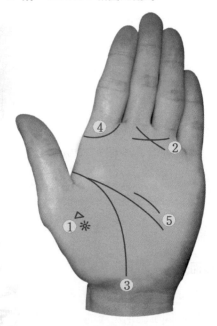

①、艮宮出現星紋或三角紋

艮宮（金星丘）有星紋是人緣好，易得長
輩與上司的照顧和提攜，婚後名利雙收，

幸福美滿；有三角紋者，表示生命力強，
為人熱忱，交遊廣闊，親和力十足。

②、月暈紋交錯紋深細秀

月暈紋兩條相交錯，紋路深且細秀，表示
此人個性溫和有禮、斯文、風度好、踏實
穩重、積極努力，婚後家庭幸福美滿。

③、地紋通至動脈紋

地紋（生命線）秀麗延伸至動脈紋（手腕
處）的人，是屬於個性優良，讓人易於親
近，健康、智慧均佳，一生少病，事業平
穩。

④、木星丘紋

巽宮（木星丘）出現微彎的紋路，稱之為
「木星環」。表示與他人相處和諧，朋友
不分貴賤的一視同仁，人緣非常好，是故
在困難時都會得到貴人裨助。

⑤、人紋上方有並行副線

人紋（智慧線）上方出現並行的副線者，
代表此人個性開朗隨和，凡事不與人計較，
穩重有才華，人際關係頗佳。

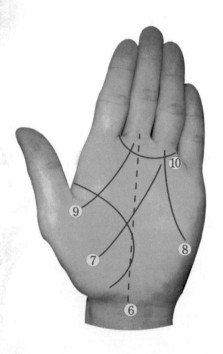

⑥、標準的生命線

標準的生命線（以中指為中心線，生命線刻劃出一道漂亮的弧線），是屬於個性溫和，與任何人都易於相處或合作，適應力強，順應力也夠，若是女性擁有此紋，一般都是賢妻良母型。

⑦、金星丘連接太陽丘的紋路

拇指底下隆起處，稱之為「金星丘」，此處紋路延伸至無名指「太陽丘」，表示信用良好，謙和有禮，廣結善緣，諸事如意。

⑧、太陰丘連接太陽丘的紋路

無論從何處延伸至太陽丘的線，統稱為「太陽線」，又稱為「人氣線」、「成功線」。太陽線很明顯的人，基本上都會有很好的人氣與成功運，尤其是由太陰丘伸出的人，充滿吸引人的魅力，到處受到歡迎與支持。

⑨、地紋連接土星丘的紋路

由地紋（生命線）起點處延伸至土星丘的
命運線。表示長輩緣非常好，會得到年長
異性的幫助，所以不管在職場或是學習環
境當中，多多接近異性的長輩，就是通往
成功幸福的捷徑。

⑩、金星帶很明顯

「金星帶」是指紋路從食指和中指之間出
發延伸至無名指和小指之間。這條線很明
顯的人，全身充滿魅力，尤其更容易受到
異性的歡迎與青睞，人緣非常好。

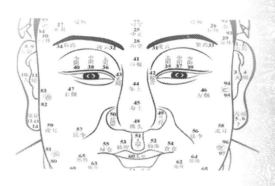

第八章

學面相必知的三大系統

第八章

學面相必知的三大系統

　　很多人都知道面相三十六宮有日角、月角、印堂、山根、年壽、準頭、人中、承漿、地閣、驛馬、天庭、中正、福堂、天倉、眉心、田宅、奸門、命門、淚堂、顴骨、法令、仙庫、地庫、水星等。不過卻鮮少有人對於面相的「心性質」、「筋骨質」、「營養質」之「三形質」，又稱為「三大系統」，有真正的瞭解，即使聽過也很少有人願意分享，是故筆者在此特別將三大系統，做一系列有條理的分析與解說。

　　「心性質」、「筋骨質」、「營養質」這三大類會呈現不一樣的性格特徵，也就會影響其日後不同的命運發展。雖然將世界的人口分為三大系統，但卻很少有「純」心性質、筋骨質、營養質長相的人，更多的是兼具兩種或三種形質，只是我們要觀察的是哪一種形質所佔的比例比較高而已，接下來我們會將三大系統的論命秘法與讀者分享。

膚白、髮細、額寬、眼柔的「心性質」

　　「心性質」普遍具有膚色較白、毛髮細軟、額頭寬廣、眼神柔和，說起話來會有一種輕柔的感覺。符合以上特徵，就是「心性質」特別明顯之人。

1、 心性質的人聲音都比較細膩輕柔，本身氣質非常高雅，心思細膩，具有優越感。

2、 鼻子愈高，膚色愈白，優越性就愈高，這種人會很孤僻，不容易相處。倘若在其沒有準備的情況之下，冒昧的拜訪或求助於他，會被認為是非常失禮的事情；反之，向鼻子低或皮膚黑的人求助，比較無所謂，因為鼻子低的人比較講情，有問題找他幫忙就比較容易。

3、 鼻子高的人，自信心過強，容不下他人意見，所以想請他幫忙，可能會比較困難。

4、 膚色白、聲音柔都是屬於心性質。會有理想太高，但卻有優柔寡斷的心性本質，沒有衝勁，所以只適合繼承家業，創業能力不足。

5、 心性質的嗜好都是屬於藝術、文學、音樂方面一些唯美的事物。吃得很精緻，喜歡

穿的漂漂亮亮，買東西也是要買最好的，包括車子、房子與裝潢，都非常的講究。所以心性質的女性最適合做美容師、模特兒、化妝師或是屬於精緻性的行業，如鑽石、高級手錶與服飾等。

6、 膚色較白的人，只要不是很瘦或是聲音很粗，一般來說財運都很穩定。

7、 聲音細的男人，表示權威性不足，一般都是妻子或父母掌權。

8、 握有實權的人，聲音要結實飽滿，不能太粗，太粗的人心性固執，堅持己見，與其相處不易。

9、 膚色黑、聲音粗或膚色白、聲音結實，都是屬於掌權者。很多擁有不動產的人，都具有膚色黑、聲音粗的特性。

10、 膚色白的人心思細膩，與其相處不可粗魯，因為會讓他看不起。倘若膚色白，鼻子又

高挺，則歧視的現象會更加明顯。

11、膚色白的人很愛面子，喜歡別人讚美，和他共事要多商量，不能硬碰硬。

12、膚色太白的人和膚色黑的人結婚會離婚。因為膚色白的人生活非常講究，而膚色黑的人比較粗魯，過於隨興，導致彼此之間容易產生隔閡與不滿。

13、女人顴骨若往左右橫張，為財反的象徵，表示丈夫不宜與人合夥做生意。

14、女人膚色白、聲音細柔、眼神又柔和者，所結的姻緣都是屬於「虛緣」，表示婚姻不佳。

15、心性質的人多愁善感，若再「印堂」深鎖，其現象更明顯。心性質膚色白、個子小的人，個性易起伏不定。所以膚色白的人最好個子高、鼻子也高，才沉得住氣，並且在團體中製造和諧的氣氛。

16、 在觀察家庭的生活狀況時，若最小的孩子瘦又黑，就是生活出現困頓，更代表小孩與父母的感情會很疏遠。反之，最小的孩子長得白白胖胖，表示生活富裕，門庭溫馨，鶼鰈情深。而小孩又胖又黑，就是負債的現象已經慢慢在浮現。

17、 小孩子是心性質的人，代表家世不錯。聲音柔父母親賺錢很輕鬆；聲音粗父母為做工領薪階級。

18、 心性質膚色白的人，小孩兩個恰恰好，一般都不會生很多，除非嘴唇非常豐厚，因為嘴唇厚情慾較強。

19、 膚色白的父母會生下膚色較黑的孩子，若不是經濟不好，就是對小孩疏於照顧。

20、 小孩有的膚色白有的膚色黑，生下膚色白的小孩代表當時父母運勢好，膚色黑則代表當時父母運勢不佳，所以這個小孩子的

人緣與命運都會比較差，要到 35 歲以後運勢才會漸漸好轉。

21、膚色白的人雖然早運好，但是晚運不見得很好。很多藝人膚色白，但是人中翹（任性），一般演藝生命都不長。

22、心性質的人婚姻不易穩定，希望丈夫多陪她，家境差多憂心，家境好又怕丈夫在外拈花惹草。其實心性質的人，基本上都很顧家，對丈夫的依賴性也很強，尤其又是眼神柔和、聲音細柔者，依賴性特別強。

23、心性質的女性若聲音粗，就是帶有筋骨質的特性，本身能力強，對丈夫就沒那麼依賴。

24、我們常說這小孩帶財來，表示其額頭寬廣、地庫飽滿、眼睛黑白分明、聲音細柔，這個時候父母親的運勢一定非常好。

25、 男人太過於心性質，掌權者為妻或父，自
己幾乎完全沒有主張。

26、 膚色白最怕聲音粗，屬於「陰陽反剋」。
女人會有二度婚姻，而且錢財、子女、丈
夫都會有損。

27、 小孩白又胖，但是很調皮，只是在調皮當
中也有穩定的一面，這代表他父母經濟安
定。

28、膚色太白太清，臉上有痣不能點，若點掉變太清太寒就容易生病，如水太清魚一定長不大，必須帶一點濁氣。膚色黑已顯出濁氣，故有痣必須要點掉。

29、膚色白、聲音柔，但是骨骼凸出，是屬於心性帶筋骨的綜合質，表示很固執、硬氣。女人膚色白、聲音柔為純心性質，所以很討人喜歡；心性質微胖或心性質兼營養質，代表物質條件很好，經濟能力很強。

30、丈夫魁梧、太太很瘦，表示家庭經濟開銷很大，必須太太白白胖胖家裡的錢財才存得住，黑胖也不行。若太太白白瘦瘦，很會買東西也很會享受，要的東西都是最好的，所以路邊攤的東西根本就看不上眼。

31、膚色白、眼睛無神的人，離婚率最高；膚色黑、兩顴反，婚姻亦不佳，表示兩人都有婚約，還是會各自結交自己的男女朋友。

32、膚色白而聲音粗的女人遇到感情問題不會拖很久，說結婚就結婚。女人只要是膚色白，在適婚的年紀，一定有超過三個人以上的男人在追求她。行早運或晚運以臉部左、右兩面來判斷，男人左面飽滿行早運，右面飽滿行晚運；女人右面飽滿行早運，左面飽滿行晚運。

33、「麻臉」的人必須膚色白、聲音柔才有用，代表腦筋思慮佳；膚色黑、聲音粗則更顯其濁氣，格局就很低。膚色白、聲音柔而麻臉，清中帶一點濁，格局較高，眼睛黑白分明更佳。工廠現場的指揮人員，若膚色白只動口不動手，膚色黑而聲音粗會和現場一起下去做，起帶頭作用。

34、膚色白的女人帶桃花有回收；膚色黑的女人帶桃花只有付出的份。

35、膚色白、聲音柔的女人，丈夫比較不會變

心，若眼睛無神，她的丈夫就會變心，但是過一段時間又會回到她的身邊，眼睛有神就很難變心。

36、太太膚色白、聲音柔，丈夫只顧自己的家而不會去顧別人，這是心性質的作用；太太膚色黑、聲音粗，丈夫只顧別人，對自己的家庭照顧就比較少。太太膚色白、聲音粗，丈夫一半照顧外人一半照顧自己家庭。

膚黑、髮密粗硬、額窄、眼利的「筋骨質」

　　「筋骨質」多半膚色較黑，毛髮比起其他形質的人更為濃密、粗硬，額頭較為低窄，眼神銳利，說話聲音渾厚有力或平常說話的聲音就是屬於沙啞或是高亢尖銳者，就是「筋骨質」特別明顯之人。

1、　筋骨質的人「膚色黑、鼻高、聲音粗、眉
　　骨高」亦或「膚色黑、鼻高、聲音粗、顴
　　骨高」。獨立性強、個性衝動、固執、重情，
　　故常因此而鬧事。

2、　筋骨質的人說話、做事直來直往，乾脆俐
　　落，穿著比較不講究，不像膚色白的人很
　　會打扮。膚色黑相較於膚色白的人，就比
　　較沒有耐心，所以悠閒愜意在逛街的都是
　　心性質的人較多。

3、　筋骨質的人飲食不定，是故罹患胃腸病者
　　很多。

4、　筋骨質、膚色黑、聲音粗、身材胖，最喜

歡三五好友隨地在一起喝酒言歡，但是一般酒品都不好，吵鬧打架時而有之。尤其又帶一點營養質，又黑又胖的人，更是如此。

5、 膚色白的人講究精緻，不隨意在路邊吃；膚色白、瘦瘦的、聲音結實，是心性與筋骨質的結合，就願意隨地吃喝。

6、 膚色白的人處事比較慎重；膚色黑、筋骨質的人，較急性衝動。

7、 做為一位領導人或是主管發號施令者，只要顴位有力，聲音響亮，必定能夠掌握大權。若顴位無力，只是聲音響亮，做起官來會很辛苦，口舌是非很多。

8、 膚色黑的人比較重感情，孩子生得也多，所以離婚率高的是皮膚白的人，而不是皮膚黑的人。

9、 研究五術（山醫命卜相）的人都帶有心性

質，至於純筋骨質的人很固執，研究五術的意願並不高。

10、一個國家人民若白和胖的人比較多，而自居改革者為了爭取認同而以激烈的手段為訴求，很難獲得百姓的響應，蓋因胖與白的人較喜歡安定的關係。

11、顴位平順，則為人處事中肯、中庸、柔和。以神明為例，在宗教上受人景仰的神明、菩薩，顴骨一定不會反。而觀骨橫張，很多都是守護神的門神，其筋骨質特性就很明顯。

12、膚色白的人依賴心重，優越感很強；膚色黑的人性格剛烈，重感情，但是不認輸。所以對膚色白的人講話，要有內涵不可過於粗魯，就會獲得他的好感；對膚色黑的人講話，要盡量尊重他，重視他的存在與地位，他就會很高興。

13、額頭凸、聲音很結實的人，不會輕易相信命運，而且筋骨質特性愈高的人愈固執。

14、膚色黑的人對於與朋友相處的吃、穿都非常乾脆，呼朋引伴，到最後卻落得是非一大堆。

15、聲音愈粗愈有衝勁，膚白而胖的老闆講究享受，其公司或產業往往都是接手而來。

16、筋骨質的人生平比較勞碌，操心成性，故最好能學習「打坐」培養定力。長期的打坐，身體就會健康，思想就會寧靜，頭腦就會清醒，還能開發人的智慧，激發其潛能，可說是一舉數得。

17、膚色黑的人，跟家庭往往是聚少離多，因為筋質過重，表示四處奔波，如船員、司機、員警等。

18、筋骨質的人注重事業，衝勁十足，永不停息的一直在擴展事業版圖。除非帶有心性

質和營養質，才會知道收斂。

19、筋骨質地庫削陷者，毫無理財觀念，賺多少花多少。若地庫飽滿，反而很節省，但是卻難以享受，奇怪的是要享受的時候，卻每每會造成身體上的不適，嚴重者甚至會有性命之危。

20、中國人頭頂正中央的百會穴都會稍微凸起，代表意志堅定，永不後悔。

21、筋骨質的人會把所有的錢都拿去做生意；而心性質和營養質的人，比較會未雨綢繆，不會將全部的錢都投注下去。

22、喜歡賭博的人屬於筋骨質者居多，就算傾家蕩產也在所不惜。而女子聲音粗近乎破音者，其先生喜歡賭博。

23、膚色白、聲音柔的女人，非常依賴丈夫；相對膚色黑的女人就比較獨立。

24、筋骨質的人，鼻高、顴高，如有桃花就有

膽量敢帶進門；若是心性質的人就不可能。

25、筋骨質的人相信自己的經驗，不相信別人的提供，學習講究直覺，心性質的學習講究推理。

26、女人若筋骨質太旺，主掌權，陽氣太旺，先生會受不了。膚色黑而聲音粗，須替丈夫打江山，但壽命長；膚色白，不可聲音響亮，代表慾求不滿。聲音響屬陽性，聲音柔屬陰性；女孩子聲音一定要柔，才能夠以柔克剛。

27、女人黑胖聲音響亮，代表她能控制這個家業，但是非很多。若聲音無力，則得失各半；得到財會失去丈夫，得到丈夫會失財。

28、經營特種行業的家庭，可以預知他們的子女，一定長的胖、聲音響或粗，因為一直生活在是非當中。膚色黑錢財會自己虧掉；膚色白到他兒子這一代才會全部花光。所

以做「組頭」的孩子，一定不會安安靜靜的坐在那邊，因為他父母所賺的錢財不穩定，使得父母和小孩子互相感應這起伏不定的現象。

29、 小孩子自己帶與否，臉上顯現的氣色完全不同。給別人帶，氣色一定變黑、變青、變黃，所以這小孩子是否是自己帶就很容易分辨。

30、 小孩調皮聲音粗，聲音粗屬於筋骨質，代表錢財運用不穩定；調皮聲音細，錢財還能有些積蓄。小孩子太胖又黑，聲音又粗，代表他父母所賺的錢為是非、爭執的財；膚白過胖聲音柔，代表他父母專門在拿回扣，而且次數頻繁。

31、 膚色黑必須要聲音粗。聲音粗代表真實的人生歷練夠，也代表他吃過很多苦；聲音細代表真實的人生歷練不夠，野心太大，

不切實際。聲音細為「心性質」，膚色黑代表「筋骨質」，心性質暗藏在內，筋骨質發表於外，於是兩種不同的電流會互相抵制。

32、筋骨質重的人，什麼事情都要經歷過才會相信。所以小孩子膚色黑、聲音粗，常常會挨打；膚色白的人進退空間很大，靈巧度很高，所以這種小孩子比較不會挨揍。

33、筋骨質若膚色白，兼帶心性質的人就很愛面子，名譽心很強，交際應酬很厲害。筋骨質、膚色白、聲音粗，主外交、業務、事業的衝刺，很愛面子；筋骨質、膚色白、聲音柔，屬規劃、軟硬體設計方面。

34、肉屬營養質；骨骼、聲音屬筋骨質。筋骨質講究理性、衝勁，代表精力、動力；心性質代表唯美、精神、藝術、名譽。三停俱等，三個形質都差不多，若要判斷偏向

哪一些形質，則必須以聲音來判斷。

35、筋骨質的人講究平等性，不分階級，你對他好，他一定對你好；你若得罪他，他也會對你不客氣。

36、膚色黑、聲音柔的女人，她的丈夫才華佳，頭腦好，會控制她、教她，但心還是向著她。膚色黑、聲音粗的女人，她丈夫完全顧外面，她只是有勞無功。膚色白、聲音柔的女人屬心性質，希望得到她丈夫百分之百的照顧；膚色黑、聲音音柔的人心性質比例佔的不多，所以得到丈夫照顧一半；膚色黑、聲音粗是完全屬於筋骨質，必須靠自己，而得不到丈夫照顧。

37、膚色黑又胖的小姐較容易嫁，膚色白的人遇到婚姻問題較會猶豫不決。

38、筋骨質旺而眉毛粗濃的人煞氣太重，部屬易有刑傷、壓力太重、做事不順。因為眉

毛屬木，部屬屬金，造成金木相剋的現象。

39、 小孩子黑、胖、聲音無力，表示父母負債
累累；小孩子黑、瘦、聲音響亮，代表父
母失敗再爬起來。

40、 三十歲以前不能發胖，若發胖必須皮膚白，
膚色黑而發胖，表示格局變低。

臉圓、體豐、五官飽滿、雙下巴的「營養質」

　　「營養質」具有臉圓、身材豐腴、五官飽滿，尤其是鼻頭、鼻翼、顴骨、嘴唇、耳垂都有豐厚飽滿的肉，而且多半有著雙下巴。這就是「營養質」特別明顯之人。

1、 營養質的人求知慾很強，不懂之處一定會
請教別人，想吸收更多的知識，久而久之
下巴就會比較圓潤。

2、 營養質聲音愈粗為筋骨質的合體，表示財
力雄厚，再加上眼神柔和，就希望別人知
道他的實力。營養質兼心性質，膚色白，
他的實力就會做掩飾。

3、 營養質兼筋骨質（聲音粗、膚色黑），錢
財欲求不滿，什麼錢都想賺。因為營養質
代表慾念、慾望；筋骨質代表動力、精力，
所以永遠不會滿足於現狀。

4、 年紀已屆四十、五十歲，還是瘦瘦的身形，表示財運不穩，生活不安定，屬於奔波勞碌之命。

5、 膚色白、胖的人為了保護自己，所以很重視經濟的安定，理財能力很好，賺錢也比較輕鬆。

6、 膚色黑、胖的人，最喜歡多子多孫多福氣與熱鬧的氣氛。

7、 營養質的人人緣很好，風趣、幽默，加上胖的話，較能與之開玩笑。瘦的人又聲音結實，開玩笑比較會翻臉。

8、 白胖的廚師，對廚藝較講究，手藝也好；反之，筋骨質的廚師對調味相對比較遲鈍。

9、 下停飽滿是營養質的基本特性，若女子鼻子低塌無勢，代表生育能力強，因為鼻子低的人，比較沒有自己的主張，來者不拒。

10、 額頭寬闊，排解困難的能力強；下巴弱，

認識你的人很多，但真心在一起的朋友卻是少之又少。

11、營養質、黑胖、聲音柔，這種人不敢衝，沒有膽量；營養質、膚色黑，為人隨和。

12、營養質、膚色白的人，帶有心性質的特性，與他相處需要特別小心，因為這種心性質的人很愛面子。

13、營養質的人懂得保護自己；筋骨質的人就不會，喜歡當老大，又固執成性，所以無形中付出也會比較多。

14、男人有下停豐厚飽滿的營養質，對家庭的觀念和慾念很重，比較戀家、顧家，相對的另一半在各方面也會服侍的很好。

15、丈夫又黑又胖，太太瘦瘦的，表示太太身體不好，財源不濟；與丈夫都是膚色黑，表示家庭婚姻穩定性不夠，多衝突。

16、營養質的標準配對，要女人較胖而男人較

瘦。男人較瘦代表兼具筋骨質肯拼，女人較胖能守財、理財，若是白白胖胖的那更好。

17、營養質膚色白的人很會保護自己，與他人相處比較淡然；營養質膚色黑的人，相對的就比較重情，交友廣闊。

18、膚色白且胖，有財產幾乎都是上一代所留下的。而膚色黑就算有承接遺產，若額頭寬廣，天倉、地閣飽滿，自己還會努力的工作或打拼事業。

19、高階的主管人員，體型要胖帶有營養質，事業才會穩定的發展，太瘦的人來經營就很危險。如身高 175 公分、體重 65 公斤、膚色黑，這種人最常在籌錢；若身高 170 公分、體重 70 公斤、膚色白，聲音柔和沒力，因為沒有主見，所以只能守成而已。

20、筋骨質的人數字觀念很差，而營養質的人，

最有數字觀念，特別是額頭寬廣、地閣豐厚圓潤的人，理財能力最強。

21、 天倉平的人錢財總是不夠用，會貸款再貸款；夫妻相配要天倉平配天倉飽滿的人，才會互補；女人天倉平，其丈夫對外人很好，受苦的卻是她自己。

22、 國家領導人若下停位削陷，聲音結實，代表國家運勢不穩定。

23、 以前的女人很多都是營養質兼筋骨質，肩膀、臀部厚厚的，生活困苦，且吃得了苦。當下的年輕人肩膀薄、聲音柔和無力、膚色白，相對的就吃不了苦，而且比較沒有定性。

24、 耳朵長得高，則敏銳度、智慧就高。而耳朵天輪代表心性質；中部為人輪，代表筋骨質；耳垂部分代表營養質。

25、 很多藝人為了增加美感，下停部位都很削

陷，表示家庭的穩定性不夠，於是婚姻就會不穩，這是缺乏營養質的原因。

26、膚色黑、聲音粗，表示可以掌握權力，在團體或家庭中一般都是領導者或是有份量與地位的人。

27、臉圓體豐、膚色白屬營養兼心性；膚色黑屬營養兼筋骨。營養質、膚色黑，只喜歡跑來跑去並不喜歡工作，骨頭凸出才喜歡工作，骨頭屬陽、硬氣，那些做工、種田的人骨頭都凸出或張開。

28、聲音結實、性沉的人，都可以累積大財富，別人會替他賺；聲音結實，行為舉止輕浮，氣不能沉，說算有很多錢也是自己拼鬥出來的。額頭寬廣而性沉，主得妻助而發；行為舉止匆促，是自己拼出來的，但是是非很多。膚色黑、聲音響帶營養質，這種人的財力最雄厚；命宮鎖、眼睛亮完全是

自己拼出來，天倉飽滿的人，較不可能失敗，因為天倉代表先天能力。

第九章

三停論命不傳之秘

第九章

三停論命不傳之祕

「額」稱為「天」，額闊豐滿、高廣光滑，稱為「有天」主貴；「鼻」稱為「人」，豐隆潤澤、直峻圓正，稱為「有人」主壽；「頦」稱為「地」，豐滿盈隆、方厚光潤，稱為「有地」主富。

「三停」是將臉分成三等份，做為探討人生命運少年、中年、老年之相法。三停以取得平衡等長最為理想，三停平等則富貴榮顯，三停參差則優劣立現。是故上停、中停、下停等長最吉，若其中有比較短的，則那一停運勢必不佳，以上是一般命理教學或是書籍上對於面相三停的介紹。如今筆者要以畢生絕學來公開「三停」對於人生禍福的論斷，對於初學者或是已經研究面相多年的人，一定會是如獲至寶的珍藏。

從髮際至眉間的「上停」

　　「上停」從髮際到眉間（15～30歲），主青少年運。額頭容光煥發，無痕無傷，表示有祖蔭，得父母親及長輩庇蔭，無論出生富有或貧困的家庭，早年運勢皆佳。

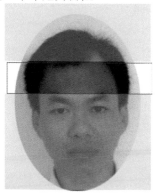

　　相反的若是額頭狹窄凹陷，又有傷痕汙點者，表示早運不好，即使生於富有的家庭，也難免多災多難。

1、 面相論命的時候，額頭一定要掀開，若只論其他的五官，準確性就會不足，因為額頭為腦質的表徵，腦主宰生命與智慧，所以由額頭的寬窄、高低、色澤、骨質、紋路，可以看出不同的資質，心理、病理和心態以及思考力與智力。

2、 額頭屬火星，火主禮，故額頭可以看出此人明理不明理，有沒有光亮或開闊與否。

3、 額頭有痣斑、疤痕、多皺紋、膚色黑、聲音粗者，與小孩緣份不深，要望子成龍、望女成鳳比較困難。

4、 額頭問富在福祿，有些人雖然很有錢，但額頭長相很差，這種人是有錢人中的窮人。他沒有辦法享受錢財的福祿，他很勞碌很忙，為財富操心，財富不能使他快樂，已經很有錢，但還想賺更多的錢，他的人生觀除了忙還是忙。聲音粗，縱然額頭開闊

也很忙；聲音粗，額頭低更忙，從年輕拼到老為止。

5、 額頭可以看出所服務公司的規模。額頭低窄、色澤又暗，服務的公司很小，就算是大公司也只是一個小員工而已，碰上的都是很難溝通而且不明理的上司。

6、 額頭主三十歲以前的流年，但正確的應該是額頭可觀看一生的榮枯，包括你和父母親、上司、太太、兒子、朋友、事業、婚姻等，故額頭主一生。

7、 色澤暗沉有皺紋的額頭，不夠明朗廣闊，代表與上司溝通有困難，若聲音粗還會與上司作對。額頭寬廣、氣色佳，表示和長輩或上司溝通沒問題；有傷痕、痣疤則和長輩會有代溝和隔閡的現象。

8、 額頭寬闊、光亮豐滿是天賦異稟的表徵，加上眼睛明亮，第六感特別強，若眼神較

柔和則推理能力強，彼此各有千秋，不分
軒輊。

9、 額頭雖低，但只要色澤清潤，也是個好面
相；若額頭高，但色澤不佳，只不過是一
個投機者，運勢時好時壞而已。

10、 額頭有皺紋、傷痕，出外打拼常常會有一
些阻礙和困難。

11、 額頭可以看出父母生活的好壞。額頭開闊
父母明理好溝通；額頭有傷痕、皺紋、疤
痕、痣斑代表和父母的緣份比較薄，甚至
他們那一代有受到挫折。小孩子屬筋骨質、
瘦瘦黑黑的代表父母家業不安定，若家
業穩定則代表這小孩子沒有受到很好的照
顧。

12、 額頭暗沉代表父母很操勞，也可代表父母
之間的感情不好。額頭暗的氣色，不能在
小孩子的臉上出現，在中年時期比較沒有

關係，因為代表人生的歷練，猶如經歷過失敗與挫折。我們常常看見戰爭中的國家和非洲國家的小孩子一定是瘦瘦黑黑的，代表國運非常不好；在安定的國家裡，代表的是家運不好。

13、一般長子的額頭相理會比較差，因為當下父母還在奮鬥，若老三過後，還是黑黑瘦瘦的，而且額頭有皺紋，代表父母家業失敗。

14、額頭正中央的官祿宮，代表父母的官祿與名望，又主火星，若高凸主火星高照。所以額頭廣闊，出生在望族，火星主明亮、光耀之象。

15、額頭寬廣，氣色清潤，表示小孩子的父母或這個人事業很安定。膚色愈白愈安定，聲音愈粗，金錢方面是非愈多。

16、「胖」的小孩子要和心性、筋骨、營養三

形質有所區別，而且要有不同的判斷方式。「白白胖胖」代表父母賺佣金回扣的錢；「黑黑胖胖」代表父母錢財進出很大，甚至已經負債，愈黑現象愈明顯、愈重；「瘦瘦白白」現金收入，不用煩惱沒有錢；「瘦瘦黑黑」家業不穩，婚姻也已經出現問題。

17、自額角至天倉稱為「上二府」。若天倉飽滿，代表有很優異的智慧與思考、隱密性和保護自己的程度。如虎、豹、貓的天倉飽滿，牠們的穩密性就很高，尤其在獵取獵物時，都保持得很隱密；反之，牛、羊天倉削陷，就不知道如何保護自己，所以很容易成為被獵取的對象。

18、太太的鼻子高聳，先生天倉部位一定飽滿；太太鼻子低塌，先生天倉會削陷。

19、額頭主心性，代表推理思考判斷，若額頭開闊色澤清潤，主記憶力佳，直覺性強。

20、 額頭開闊鼻子高的人，企劃能力很強，若
顴位佳，計畫的事情會去實行。「額頭」
代表頭腦的運作、「鼻子」代表專注到什
麼程度、「顴」代表做給自己，還是做給
別人。顴位低為人作嫁；顴位高沒有反，
成就自己。

21、 額頭暗沉又有紋路，做事情會時常出差錯，
所以不會理財，不適合管帳或當業務、行
銷等，可以說是學非所用，只能當一般的
作業員。

22、 雖然額頭寬闊，但若是膚色黑、下停位削
陷、耳朵廓反，表示上一代留再多的家業，
也會讓他敗光。

23、 額頭開闊卻得不到老闆的器重，最重要的
原因一定是他的額頭有黑氣。

24、 女人額頭太飽滿，代表能力強才華佳；所
以女人額頭愈開闊，她的丈夫愈輕鬆，反

而累了自己。

25、 女人額頭高、鼻子低，這兩種合在一起就是所謂的「刑夫」。

26、 女命額頭太高、膚色白，主凡事替丈夫操心；若額頭太高膚色黑、聲音粗，主剋夫。

27、 女命額頭低又帶有皺紋，與丈夫會時常吵架，因為兩性相處的協調性，必須看額頭。

28、 額頭如立壁狀，這種人很現實，比較心很強；凸頭的人也很現實，只是凸頭的人除了很現實之外，更喜歡佔別人的便宜。

29、 額頭開闊、耳朵大、地庫飽滿，主貴族的後代；若只有額頭開闊，主清貴。

30、 祖先做官與否，以額頭論祖父，耳朵看父親。

31、 額頭的日月角有生瘡，若久久不退很有可能是祖墳有問題，牽涉到男性的現象，額頭相理主應於風水明堂朱雀方。

32、額頭黑氣暗沉屬於敗格，表示事業已經出現問題。

33、額頭紋路多，氣色暗沉，表示白手成家，事業發展有限，亦主推理能力有問題，年輕時必須離鄉發展。

34、額頭寬廣的人協調能力很好，所以有紛爭，請他出面就對了。

35、額頭低、有黑氣與皺紋的人，做的決定很草率，故不適合做協調性的工作。

36、額頭無緣由的生瘡或長青春痘，表示心情煩躁，凡事都會有阻礙的現象而難以成事。

37、女命若額頭有亂紋或氣色暗沉，表示夫妻溝通有問題；若額頭很清潤，則丈夫很疼她，尤其又是膚色白、聲音柔、微胖者，更是對她疼愛有加。

38、額頭也代表貴人、遷移宮，主貴人位，一個人有無後臺或靠山須看額頭。若額頭低，

就要看兩顴；兩顴低、聲音柔，表示此人沒有後臺或靠山。

39、 額頭過於寬廣、聲音柔和的人，適合服務於公家機關；額頭寬廣也代表很得人和，而且兼具幽默感。

40、 額頭愈寬愈飽滿，和宗教很有緣，但若是女命，一般婚緣不佳，甚至很有可能出家修行。

41、 額頭代表夫妻情愛的地方，若女命額頭氣色佳、膚色白、聲音柔，表示夫緣很好。若鼻子再高，她的丈夫出門在外會時常想到家。

42、 人際關係好不好，首先要看額頭，額頭好代表貴人輩份比自己高；再來看兩顴，顴位高，貴人屬於平輩；最後看下停，下停位佳，貴人就是來自晚輩或部屬。

43、 額頭可看出祖先積德的狀況。若祖先不富

有，他的子孫額頭長得很漂亮，代表他祖先為積善之家，而有餘慶。所以只要額頭的氣色好，其他部位氣色不佳，一樣能夠為子孫造福而逢凶化吉。

44、額頭有傷痕、惡痣，表示前三代有色情的問題存在，祖先因色情的問題而傷害到第二代。

45、額頭有問題，只適合在宗教、教育、藝術、文學方面發展。

46、很多影視藝人，大都髮際參差不齊，很多細毛，代表邪念一大堆，所以感情問題很亂。若屬於「筋骨質」還沒有關係，若是「心性質」則以上現象會很明顯。

47、固執的人若額頭凸、膚色黑、聲音粗，則固執的程度會更嚴重。

48、額頭凸出或多或少與父親會有所刑剋，若下唇再凸翹，則必定會刑剋父親。

49、 額頭屬火星，凸頭加上顏色深紅，代表此時心事重重，處於時運不濟的時候；額頭呈現清淡的黃氣，代表思慮清晰安逸，老人有此現象更好；額頭有青氣，代表此人已經接近山窮水盡了。

50、 額頭寬廣，體態不能太單薄，體態太單薄只能為人作嫁，難成大業，尤其帶貴格的人，體重絕不能太輕。

51、 額頭低，代表長輩很辛苦。故額頭可以看出上一代事業的狀況，最怕低、窄、黑，氣色愈暗沉愈辛苦。

52、 額頭開闊，中停、下停飽滿，才是典型的貴格。下停太削為戰鬥格，飽滿厚重則待人有肚量，眼睛黑白分明，意志堅定，沒有疑慮。

53、 達賴喇嘛的額頭有幾條紋路，主居家不安，所以他的根據地已喪失；教宗的額頭很清

柔而沒有雜紋，代表安定有名望

54、 額頭相理若不佳，會有邪思邪念，此時要看鼻子是否有力量，若中停位鼻子相理又不好，一定會出問題。

55、 女人額頭低很勞碌、操心，家庭擔子很重。若額頭寬闊，顴位高聳，雖然擔當家計，但卻會受到應有的尊重。

56、 額頭低、顴位反，屬於勞動界的朋友，非常辛苦。但是只要顴位順，下停飽滿，雖然也是很辛苦，但付出就會有所回報。

57、 女人額頭低是勞碌又操心，家庭擔子很重；額頭高聳、氣色泛青，也是擔當家業的相理；若額頭開闊，顴位高聳，雖然也是擔當家計，但會受到尊重。

58、 額頭凸，聲音愈粗愈有自信，若聲音柔和，處理事情會客觀公正，凸頭本有貴氣，但男人不認輸，女人更不服輸。

59、女人凸頭、膚色黑、聲音粗，就是刑夫。
膚色白則不是，只是本身較不服輸，但還
是會讓丈夫；若膚色黑，不但不認輸，而
且要爭到贏為止。

60、女人額頭凸，表示她的丈夫有遠大的抱負
與目標，但往往都是眼高手低不切實際。

61、晚年能否得到子女的照顧與供養，必須看
額頭，若額頭氣色清亮，表示會受到兒女
的供養。

62、天倉飽滿、膚色黑，主好鬥，如猶太人常
常在戰爭。天倉飽滿、鼻子露骨，經營事
業沒有話講，但歷盡的辛苦比別人多，聲
音愈粗愈會經營，若聲音柔沒有衝勁，只
是安逸格而已。

63、聲音粗、額頭低、鼻子高，為孤峰獨聳。
若膚色又黑，主年老孤苦無依，父子之間
會有興訟的問題。

64、天倉飽滿的人本身很會藏私房錢。天倉平太太很會藏私房錢，但是天倉平的人若自己要藏私房錢，他的太太會很容易知道。

65、天倉平、鼻高、顴退，婚姻難以維繫，聲音愈粗者，更有「剋妻」的現象。

66、天倉平、鼻子高的人，很多都是「雙妻格」，易有桃花；男人天倉削加上聲音粗，也是典型的易犯桃花。

67、女人天倉窄，丈夫對外人很好，錢財總是往外花。

68、聲音粗而沉，表示對自己的事業體很重視與關心。

69、女孩愈漂亮，要仔細觀察她的眼睛亮度夠不夠，聲音柔沒關係，若眼神太過於柔和，表示婚姻很容易出問題。因為眼睛看結果，眼神柔易結「虛緣」，眼神柔的人，對當下的機緣較難掌握。

70、女人顴位插天倉，眼神柔和不會剋，眼睛有神會剋丈夫。

71、聲音粗代表五臟六腑很強壯，表示身體好。

72、女人聲音很細、膚色白、微胖，都是享福的好相理，但身體會出問題。太太膚色白、聲音柔，表示丈夫經濟很安定，但因為是以前辛苦打拼而來，所以身體方面的保養一定要很注重。太太黑黑胖胖，丈夫對賺錢很有興趣，但水準一般都不是很高。

73、墓碑可視為一個人；墓碑裂，主車禍，可觀看受傷部位。

74、山根屬於來龍，要稍微有氣勢，如地理形勢的「蜂腰過峽」。山根過高，男女都會刑剋配偶，尤其鼻子高挺、地庫削，最會「盛氣凌人」；鼻子露骨、聲音粗，買東西最會殺價，生意人最怕遇到這種顧客，一生成敗不一。膚色白比較沒關係，聲音

粗、膚色黑，現象最嚴重。

75、鼻子低、上停和下停位飽滿，這種人靠他的智慧來達到基本的慾求。中停位代表平等性的思想；上停位代表高等的思想；額頭代表行善積德的地方。

76、耳朵可以看出家族來往的情形。耳朵大，表示親戚、朋友常來往；耳朵小，親戚、朋友很少聯絡。

77、腦後見腮不一定不好，最忌諱又黑又胖，代表慾念無窮，很有霸氣，與其交往要多加小心。

78、膚色黑、聲音粗，都是屬於武格，若天倉再削陷，婚姻肯定不和諧。

79、女人聲音柔，丈夫任職於文教或文職；女人聲音粗，丈夫屬於工人階級或四處奔波的行業。

80、小孩山根有青氣，主胃腸不好；山根低、

地庫飽滿、膚色白，這種小孩子不好帶。因為心性質太重，可以由筋骨質的人來帶，由心性質的人來帶會很累。

81、天倉削陷會剋妻！因為這種人做事情都是先斬後奏，不和太太商量。丈夫的膚色愈黑，聲音愈粗，則剋的愈厲害。

82、年紀輕輕就有法令紋和懸針紋，代表他的家業不安定和生活環境不安逸，此時就會造成紋路提早出現。

83、耳朵大代表有祖德，腦後無枕骨代表親族之間比較無情。

84、額頭低，墓上方有傷痕，代表祖墳野草與墓碑同高，氣色愈暗，代表乏人去整理。墓前的明堂大小，可以觀看額頭開闊與否；鼻子看案山、人中與下停位看水路；枕骨看來龍；天倉、耳朵看龍虎砂；額頭寬闊、地庫飽滿，尤其額頭氣色佳，以後一定可

以找到很好的風水。

85、額頭氣色不好，關係到祖墳的風水，表示
　　氣受阻，風水必敗無疑。

86、官祿宮有紋路下垂再穿破印堂，其剛強的
　　程度勝過鐵器，表示不但不能任公職，也
　　不適合做生意。

87、命宮有赤氣透額頭，連續七天以上，若額
　　相不佳，代表父親會出問題；額頭氣色佳，
　　命宮有赤氣連到顴位，若有問題，會應在
　　兄弟。

88、天倉開闊的人性子急，隱密性、策劃性都
　　很強，他不可能講一些心中話給你聽；天
　　倉削、聲音粗，心裡話就藏不住，甚至連
　　閨房的事情都會講。天倉飽滿的人很專制，
　　太太要聽命於他；天倉削太太的主張就會
　　比你強，或是不相上下。

89、耳朵反，主父親白手成家。耳朵緊縮或貼，

天倉飽滿，產業是從祖父那一代留下來；耳朵縮祖父那一代的福祿留到子孫那一代，天倉飽滿可享父親的財帛。耳朵向後生，代表大家族；耳朵張開，家族不可能住在一起。

90、額頭有暗氣，顴位平均，時常會一心二用，注意力不能集中，導致操心成性。

91、女人凸頭，額頭開闊，她丈夫的天倉一定會削，這代表能力與其他方面都比她丈夫強。

92、額頭寬廣且凸、聲音粗的人，要求的準確度和精密度很高，很有自信。所以替他論命必須一針見血的命中要害，因為他不輕易相信別人，氣色愈暗愈不相信。

93、額頭寬廣屬於安逸之相，但凸頭或太過於寬廣，他的太太會很累。因為他自己太過安逸，背後總是要有人為他操心，而且一

般太過於凸頭比較不信鬼神。

94、 額頭可看你的子女聰明與否；眉毛看你兒子年老對你孝心的程度；眼睛看你兒子是否與你有緣；鼻子看你兒子的志氣；嘴唇看你兒子在你年老時的持續力，以及是否能繼承你的家業；地庫看兒子對你供養的程度。

95、 額頭看子女聰明與否，若額頭低，但子女卻很優秀，他的下巴一定勾回來，眼神一定不會太強，眼神太強會壓掉子女運，為人很溫和，聲音沉沉的。

96、 額頭可以看你父親和你溝通的程度；看你父親有沒有明理；看夫妻感情的協調狀況；看岳父對你好不好；看你所追求的理想會不會達到；額頭寬闊，六親有聯絡，額頭敗，六親沒有聯絡，故不宜在家鄉發展。

97、 商界人物對經濟層面影響有多大，必須看

額頭有多廣，走路穩，則影響更深遠。

98、額頭有傷痕代表祖父那一代有養小老婆，眼神強的人，主他祖父住在另一邊而沒有回來，顴位退代表他祖父沒有照顧這個家。髮際愈低、參差不齊者，上一代養女人都不回來，額頭有傷到就更應驗。

99、額頭可以知道他的命是好或不好，只要額頭氣色清清的、亮亮的，都屬好命。

100、命宮破損會有離鄉背井之象，與官職、經商、軍職無緣，只適合從事文教、藝術、五術、宗教等工作，亦代表父親或祖父那一代有問題。

101、額頭敗而眉毛秀，木沒有辦法去生火，主剋長輩。鼻子屬土，耳朵屬木，所以耳朵一定要漂亮，才不會木剋土，早運才不會有相剋的問題。

102、命宮鎖而且又豎毛，表示兄弟之間很會吵

架。

103、女人的額頭屬於「夫座」、「祿位」，所以女人若婚姻失敗過，額頭的氣色會暗，代表失去祿位，依靠丈夫的長期飯票失去了。

104、命宮兩眉之間的標準距離為兩指寬，若有皺紋、暗氣、聲音粗，會常常為事業操心；眼睛柔、聲音柔，夫妻之間有問題；眼睛有神、聲音柔，兄弟之間有問題。

105、女人眼神柔，媚態很重，眼睛主婚緣，流年逢之，主有結婚的機會；額頭有傷痕，主和長上緣薄；下停位飽滿，異性緣佳；鼻子露骨，主刑剋，易墮胎。

106、額頭低窄有紋路，六親都很少聯絡，加上眉毛不秀者，肯定百分之百。

107、額頭寬廣、天倉飽滿，不怕額頭有紋路，只要額頭開，什麼事都好解決。如許多政

要，額頭都有紋路，但是額頭開，代表人
和好。

108、額頭很重要，包括少年運、中年運、老年
運，岳父對你印象好不好也是看額頭。打
官司看額頭，簽約看額頭，與人有糾紛要
解決也都是看額頭；氣色暗沉，談判都會
失敗。

109、命宮代表你所見的任何事物，會經過其判
斷，所呈現出來的感覺而直接反應投射出
來。命宮寬厚、氣色佳，判斷力會很好；
命宮破，判斷就不周延，婚姻、事業易斷。

110、男人頭髮最好短一點，腎氣會比較旺，頭
髮屬火，若太長為火火相爭。女人性剛者
宜留長髮，太柔者宜剪短髮。

111、女人額頭有皺紋、氣色暗，代表她丈夫在
外做人不明理。男人額頭也可看他太太、
岳父有沒有明理，開闊而氣色者佳，主明

理。

112、男人天倉飽滿，額頭太開闊，主妻子賢慧得妻助，岳父對他也很好。

113、男人額頭太開闊，妻子能幹但很累，兩顴退妻子掌權，地閣飽滿，妻子對他很好。

114、官祿宮有傷，表示前三代都受到色情的干擾，如此後代完全與仕途無緣，也不能做生意，嚴重性可想而知。

115、眉骨高的人驕傲、自信、方向感很好，不會迷路；眉骨低的人方向感較差，除非地庫飽滿、眼神亮亮的，方向感才會好，登山才不容易迷路。

116、額頭寬廣、兩顴高聳、下停削，代表充滿理想，下停削憑直覺而且固執的去做事，下決定就要實行。若地庫飽滿、顴位平均的人，當初做的決定就時常會修改，這點和地庫削的人有很大的區別。

117、行財運時臉上都會有光澤，尤其以額頭為最，財運發到什麼程度，看額頭最標準。

118、從事五術的人需要額頭寬廣，主業務很多；地庫飽滿，主找你的人很多；眼神亮，主客戶就是指定要找你。

119、命宮有痣或是有傷痕的女命，丈夫一般都屬於上班族、技術或宗教人員；若在商界發展做生意，主判斷力不準，失敗的居多。

120、印堂、中正這兩個地方有凹陷的現象，往往代表你年輕時所學的東西學非所用，屬於「異路功名」格。額頭天中、天庭、司空、中正、印堂這些宮位只要有出現瑕疵就與官職或從商無緣，最好從事教育、藝術、文化、五術等自己能做主的異路功名職。

121、天倉平、聲音粗、眼睛無神的人，沒有祖產，風流而且沒有責任感。天倉平的人無情，如美國人天倉平都很無情，聲音愈粗愈強烈，聲音柔較無所謂，不會那麼絕情。

從眉間至鼻尖的「中停」

　　「中停」從眉間至鼻尖（31 ～ 50 歲），主中年運。鼻型豐潤圓滿，且無傷痕者，表示中年運勢必佳。相反的若是中停過長或過短，與整個臉型比例顯得過於突兀，則意志力薄弱，容易招致厄運，必須行善積德，等候晚年運勢。

1、 學面相中停的觀察很重要，若中停不會看，那麼替人看相，會陷入很深的盲點，肯定看不準。

2、 中停可以看彼此之間的對待關係。如兩個人在對話，一位顴骨很漂亮，一位顴骨無力或顴退，則顴位退的要聽顴位高的。顴骨漂亮氣色佳，可以掌權很久；顴骨漂亮氣色不佳，掌權就會不穩，甚至會造成本身很重的負擔。

3、 顴位在五嶽，左邊代表東嶽，右邊代表西嶽，兩邊擠進來，是否能夠得到他人的輔助，只有顴位漂亮才可以。

4、 左顴漂亮父親掌權，右顴漂亮母親掌權；至於掌權的大小，必須配合日月角和眼睛來判斷。父親掌權而疏於照顧兒子，其下巴會削掉，額頭有傷痕、痣斑、雜紋、氣色很差，代表他父母或上一代的人，德行

有損或是有情色問題，此時必須有一代的人去做彌補。

5、 顴高而下停削陷、驛馬動，為居無定所、奔波勞碌之命。

6、 顴位退的人輔助顴位高的人，顴位高代表不管在任何的情形下，都能夠有其地位與價值。

7、 顴高、膚色黑為掌權者，相對擔負的責任也重。顴高表示喜歡抓著權力，控制他人或事情的進展，也代表不認輸、堅持己見；反之，顴位退的人對事物的處理較無主見，所以只適合做策劃性的工作，因為容易猶豫不決。天地造物很公平，往往都是一陰一陽，顴位高一定配顴位退的人。

8、 顴位漂亮，若氣色暗沉，為失敗的象徵；蓋因肩負的責任太重，難以承受。

9、 顴位高而鼻低的人黏性很強，如「越共」

即是；表示與顴高鼻低的人相處要很小心，因為他很會記恨。所以論命的時候，碰上顴高鼻低的人，絕對不可以說他「會記恨」，要說他很重情，否則他會記恨你一輩子。

10、鼻為君，顴為臣；鼻高顴退為孤君無輔，以自我為中心，本位主義很強，所以要找人幫忙。以鼻低的人或膚色黑的人為首選，因為他們以「賓」為主。

11、顴高的人在家比較專制，鼻高則無所謂，而顴退的人在家喜歡講民主。

12、顴位漂亮的唯一缺點是，什麼事情都不合他的意，要求很高不服輸，尤其愈瘦的人更是。若是胖而地庫飽滿圓潤，其現象就比較不明顯，亦即顴高者必須和下停位相配合，否則會受到很多挫折。

13、顴位高的人常會想著自己不能認輸，不輕

易低頭，除非別人很明顯的比他還強。

14、 眼睛過於剛銳、地庫位愈削陷的人，不可能求教於你，因為地庫削的人非常孤高，很執著，只滿足他自己的那一套。地庫飽滿很圓融，會吸收別人的東西，但是常常不好意思拒絕他人的請託，所以吃虧是常有的事。

15、 顴位張開和鼻低顴反的人，都很堅持自己的主張，總是希望別人附和他的意見，但是往往會導致「賓欺主」。尤其又加上膚色黑、聲音結實的人，則更堅持自己的主張。

16、 顴在三才屬於「人才」，顴漂亮的人會影響到別人，顴退則有扶人之象。眉毛、眼睛、鼻子、顴位都屬於「人才」，代表一個人的能力、才華，若顴位退，表示自己的能力和才華受到別人剋制而無法發揮。

17、 顴退額頭寬，長輩、上司、妻子、娘家會

幫助你，什麼事情都會替你打算。

18、顴位漂亮的人，往往可以將有建設性的意見，發揮到很細膩的境界，代表顴的作用能夠發揮，膚色愈漂亮力量愈強。

19、顴位高的人，工作的時候一人可抵兩人用；顴位退的人，若沒有吩咐他就不會主動去做。

20、顴高鼻低的人，若看不慣現狀會自己跳下去做，所以這種人事情很多。

21、顴位退的人，沒有主張，不適合與人合夥。顴退鼻高、聲音愈宏亮，這種人一意孤行，如伊拉克、伊朗即是。

22、蘇聯改革很快，因為他們是鼻高顴退；鼻高很乾脆，不像中國人鼻低韌性很強（鼻高重理，鼻低重情）。

23、顴骨高，聲音無力，表示氣勢不足，競爭力弱，屬於中下階層的人。

24、顴位反，主犯小人，必須要有腮骨來彌補，若夫妻當中有人顴反，主唱反調。

25、顴位張開而鼻子低的女性，她的先生一定很武斷，判斷事情也一樣。鼻低而額頭開闊的女性，她的丈夫死要面子；顴位橫張，左鄰右舍的是非很多，聲音愈宏亮，口舌是非愈多。

26、顴張而鼻低的人，不能欠他的人情；膚色愈黑愈不能欠，因為他很會討人情。

27、顴位骨張開的人，替人打江山絕對不能邀功，會適得其反，顴位張開也忌諱與人合夥。顴位退聲音柔的人無權；顴位退聲音粗主驛馬重，如跑業務、司機這種相格的人最多，但是業務人員，額頭必須開闊才能接到業務。

28、政府官員若聲音無力，處理事情的魄力就不足。

29、 顴位有傷痕或色澤暗沉，代表犯小人，與他人易有爭執；顴高鼻低，是非不斷；膚色黑主易有血光之災。

30、 顴位骨主對待的狀態，與人有沒有爭執，爭執處理得宜否？顴位骨張鼻低，是非難以收拾，聲音愈宏亮，事情鬧得愈大，因為顴位反，表示你的主張與別人大相逕庭，無法獲得共識。

31、 顴位代表彼此尊重的力量有多大。顴位漂亮鼻子低，你尊重對方的機會比較多；顴位漂亮鼻高，別人尊重你比較多。色澤愈素淡，則權勢愈高愈受到尊重，相對地做起事來也輕鬆許多。

32、 眉眼代表名望，眉高名高，鼻高位高，顴高權高。

33、 顴位漂亮的人時常在吸收新知，加上地庫飽滿，額頭和鼻子漂亮，會自己創業當老

闆。若不是，則必定是公司內很重要的幹部，上司的得力助手。

34、顴退額頭漂亮，鼻子高挺，這種人屬於高級的幕僚人員，只能掌副權、當副將。

35、老闆若顴退，表示一定有得力的助手。因為顴退，才會放心讓顴位漂亮的人去獨攬大權，發號施令；若老闆顴位漂亮，不能將權力授予顴位漂亮的人，因為彼此會相爭。

36、顴退聲音無力，眼睛又失神，最容易犯小人，因為比較不會去注意小細節的事情，警覺性不夠。顴高地庫飽滿的人，警覺性就很高。

37、顴位漂亮的人很有「霸」氣，聲音愈粗膚色愈黑更是「霸氣十足」，不懂得圓融變通。膚色白，主靈巧，比較能夠掌控周遭的情勢，善解人意，通達事理。

38、 鼻低顴高的國家不能講民主，鼻低講情；
   鼻高顴低的國家才可講民主，因為鼻高講
   理。

39、 鼻子低的人，有小孩子的基因存在，倘若
   有時候情緒比較不穩定，工作做得很累會
   發牢騷，其實只要不與他計較就會相安無
   事。

40、 顴位骨愈平順，膚色愈白，格局愈高；膚
   色黑或青就是要擔當責任，亦即膚色以白、
   黃為宜，青、黑、暗不佳。

41、 顴退膚色白，日子過得輕鬆愜意，什麼事
   情都會有人替他打點。顴退膚色黑，日子
   過得就很勞碌，四處奔波，若與人合夥，
   往往會被跑掉，膚色愈暗代表已經失去錢
   財之意。

42、 鼻骨高、膚色黑、聲音粗的人，是屬於技
   術人員。

43、 只要氣色暗沉，無論顴高、顴低、顴平順，
都是處於當下不好的現象，尤其顴位平均
氣色暗的人，正處於泥淖之中而難以自拔。
聲音宏亮顴位高，表示有魄力，陷入困境
的時間有限，很快就能解決。所以顴位漂
亮的人完全獨立自主，對於任何環境都能
夠處之泰然，適應力很強。

44、 顴高要求高，額頭漂亮要求更高，這種人
看到別人工作會常常不如己意，所以愈看
愈生氣，於是會自己動手做，導致肝、腎
功能不佳；若顴退膚色白的人，會很放心
讓別人去發揮，即使做錯，也都不會生氣。

45、 夫妻當中一位較活潑，另一位較靜，較活
潑的一定受制於較靜的，這就是陰陽配合，
陰陽調和。

46、 女人額頭廣闊、皮膚白、鼻子高挺、眼睛
黑白分明，若身材太苗條，主婚姻會出問

題。因為她所要求的細膩度很高，一般男人她看不上眼，很會挑剔，若胖的女性就不會。

47、顴位漂亮聲音結實，掌握實權；顴位漂亮聲音無力，掌握的是虛權。若顴位漂亮聲音有力，而沒有掌權，代表本身勞心勞力。

48、顴位漂亮鼻子高的人自尊心很強，眼睛有神為明理之人，眼睛無神就比較不明理，膚色愈黑，自尊心強的現象愈明顯。

49、顴退鼻高、天倉平、眼睛亮度夠，若犯桃花會導致家庭破裂，最後夫妻以離婚收場。

50、顴位表示人與人之間的對待關係。顴退聲音粗，家庭紛爭難免；顴位橫張，紛爭在外。

51、女人顴位漂亮，眼睛有神，先生什麼事情都瞞不了她，眼睛無神則多疑。膚色會變黑變暗，即使顴位漂亮，她正確的判斷力

也已經消失，自己更是處處危機。

52、聲音較柔的女性，她的丈夫個性較強。因為聲音柔依賴心重，除非眼睛亮度夠，才能夠有自己獨當一面的能力。

53、女人額頭有皺紋，顴位很高，鼻子露骨像刀子似的，地庫位飽滿稍微有皺紋，表示其夫緣很薄，主剋夫。顴位漂亮，主本身能力很強；瘦又皮膚帶青，只有靠自己；地庫飽滿，是希望得到兒子的供養，但因為額頭有皺紋，大兒子就容易有問題（額頭可兼看老運）。

54、孤峰獨聳的人，膚色黑和膚色白兩種心態完全不同。膚色白認為別人都不要來煩他，本身就會很自在快樂，如歐美人士；膚色黑會比較孤獨，如伊朗、伊拉克的人。

55、胖而膚色白聲音粗，這種人愛面子，老大給他當，尤其在大庭廣眾之下，若天倉削

陷，講話就比較不切實際。

56、 顴位退，眼睛無神，桃花很重，不好意思
拒絕人家，尤其與異性的交往。天倉飽滿，
顴位漂亮，眼睛有神，對異性講話一板一
眼，所以比較不會和異性朋友搭訕；天倉
削，眼睛無神，對異性很容易搭上線，而
且來得快去得也快。天倉飽滿而顴退，眼
睛有神，不敢和異性亂來，因為他有一個
很厲害的老婆。

57、 聲音粗，膚色又黑又瘦，便是造成婚姻不
穩定的重要因素，因為「筋骨質」太旺的
關係，所以根本不用論及五官。

58、 顴位骨漂亮，頭頂中心就會突出來，如蔣
介石先生。若顴位骨退，突出來的部分就
比較不明顯。

59、 顴位漂亮下停位飽滿的人，防衛性很強。
無論個人或居家都保護的很周到，所蓋的

房子絕不會偷工減料，房子至少有兩間；相反地，地庫削的人就比較馬虎。

60、顴位漂亮下停位飽滿的人，總是為了維護自己的尊嚴、名譽、地位，必須時時刻刻提高本身的技能、學問、財富等，以保持不敗之地，所以這種人最為勞碌。

61、顴位漂亮，地庫削，為主動攻擊的類型，倘若別人有過錯，會主動指正，所以得罪這種人很麻煩。將軍若地庫削喜歡戰爭，地庫飽滿主防衛，臺灣一些將軍、政府首長地庫位都很飽滿，所以臺灣皆以防衛為主。

62、顴位漂亮的人，即使在年輕時期非常的勞碌，到最後一定會有所成就，也因為能力受到肯定的緣故，所以往往會身兼兩職。

63、子時（23：00～01：00）一定要睡覺，否則肝氣動的太旺，會耗損精神。愈晚睡，

肝氣動的愈厲害，而傷到肝經。

64、日月角生瘡，考試運不好；鼻子低的人，
　　好玩；膚色黑的人，很拼。

65、日月角可看出父母是否明理，以及與父母
　　的緣份深淺。若日月角與顴位都有問題，
　　表示與父母緣份會比較薄，左邊代表父親，
　　右邊代表母親。

66、所謂妻財子祿，丈夫所賺的錢財能不能留
　　住，必須看妻子與兒子。最小的兒子屬於
　　財帛位，代表子祿，也代表你所賺的錢財
　　及所享受的程度。膚色白微胖，代表錢財
　　穩定；黑又瘦代表還必須再奮鬥；黑而胖
　　表示正在負債；瘦而白，財帛穩定但開銷
　　大。

67、顴退的人，表示一生沒有掌權命，倘若此
　　人額頭開闊，主應安逸之相，也未嘗不是
　　一件好事。

68、 聲音柔弱無力、天倉削，太太會跟別人跑；無額留不住，有額才能掌得住。

69、 顴退、額頭寬廣的人利於公職或大公司。

70、 鼻子低、過胖、眼睛柔，這種人不能開車，因為注意力難以集中。

71、 當一個國家人民大多數人顴反，代表這個國家政治不穩定；臺灣在 228 事件當中，那時社會很亂，很多都是顴反的面相。

72、 顴位退的人，做事一旦出了紕漏，一定會有顴位高的人出來替他收拾殘局。

73、 太太若顴位反，先生一定不能和別人合夥做生意，只要一合夥什麼都反，包括錢財、友情、親情、事業、家庭都會反。

74、 顴骨有黑點，代表心情很不好，也代表曾經失敗過；若是女人，主應她丈夫曾經失敗過。

75、 男人左夫妻宮有痣，代表女人看到他會心

動。女人右夫妻宮有痣，看到男人會心動；左夫妻宮有痣，男人看到她會心動。

76、女人若膚色白、鼻子高、聲音柔，她的先生會為她賣命，因為這種女人嬌又滴，男人心甘情願替她效命。膚色白、聲音柔，心性兼營養質，但聲音柔不能無尾音，後音無力，就會變成辦事能力差，掌夫掌不住；聲音太粗，夫妻會對立，聲音粗、顴位橫張的女人，很會工作，但吵架起來，誰也不讓誰。鼻子高的女人，自尊心強，丈夫必須忍她；鼻子低的女人，丈夫罵她無所謂，也較無自由。營養兼心性質的女人，很注重安全感，她不會嫁給經濟不佳的男人。

77、女人顴高、鼻低、聲音粗、眼睛柔，這種女人吵架起來會和丈夫冷戰，閨房會出問題，若腮骨再張開，很黏丈夫。女人眼睛

太有神，不適合商場，一板一眼；女人眼
神柔，適合商場，地庫飽滿為人靈巧。

78、女人膚色愈黑、鼻子愈低屬於「煙花格」；
膚色白或地庫飽滿，只要聲音粗、鼻子低
都是屬於「煙花格」。眼神不足、聲音無
力又瘦，沒有出現營養質的特徵，這種女
人不會做家事，屬於老二格。

79、男人天倉平、命宮鎖、眼睛無神、聲音無
力，這種人他太太往往會有婚外情，加上
地庫削，就百分之百可以肯定一定有。

80、鼻子為君、顴位為臣。鼻子太高而顴位低，
代表有君無臣，所下的決斷太大，旁邊的
人會嚇到而沒有辦法接近，最後變成孤軍
奮戰。若聲音柔，會放心將任務交給別人
去做，所以很悠哉；聲音響，主觀意識強，
別人反對也沒有用。

81、女人顴位張開、鼻子低、聲音響亮，她的

丈夫會與人打官司。

82、男人的鼻子露骨，他的太太情緒表現很強烈。若地庫再削，他不會注意別人的感受；夫妻兩人地庫都削，各忙各的，久而久之，婚姻就會出問題。

83、胃腸不好鼻子會青青、暗暗的，沒有色澤，表示胃已經很不好，除非透過打坐，陽氣來沖才能治療。

84、上眼皮、田宅宮若陷下去，表示脾臟已經出現很嚴重的問題，沒有精力；上眼皮飽滿的人，精力充沛。

85、鼻屬財、嘴屬祿，鼻大嘴大經商能力強；鼻大嘴小經商能力較差，規模較小。

86、鼻高顴高的人無論做什麼事情都能夠面面俱到，想到自己也會顧到別人。鼻低顴高的人只考慮到自己而沒有顧慮到別人；鼻高顴退的人只顧自己一直衝下去，並不會

考慮到別人的處境與感受。

87、腮骨張開的人講義氣,所以他的事情都和兄弟朋友比較有關係。膚色黑盜自己的財給人;膚色白希望從別人身上得到財富,區別很大。

88、餐廳的小姐或會計瘦一點比較好,但櫃檯的服務人員就要胖一些,因為可以看出這間公司的財務狀況。

89、天倉飽滿、額頭寬廣、下停飽滿而顴退,代表太太對你幫助很大,而且是太太掌權,也可看出你太太娘家的風水發在你太太身上,你太太兄弟可能比較潦倒。顴退的人你太太一定顴高,你的顴退代表你兄弟當中一定有一位顴很漂亮,但不是你太太的對手,因為天倉飽滿的人太太對他幫助大又能力強,地庫飽滿她的能力勝過你的兄弟。

90、腮骨張開屬金（義氣），出外打天下的格，故長子不適合有這種相格，長子必須輔助父親來傳承家業。若長子腮骨張開，家業就必須由其他兒子來傳承，只是長子出去打天下的力量較弱，他最適合傳承家業來輔助父親。

從鼻尖至下巴尖端的「下停」

　　「下停」從鼻尖至下巴尖端（51歲以後），
主晚年運。地閣豐隆，無傷痕及汙點者，表示
身心健康，家庭和樂。相反地，下巴太窄太小，
又有傷痕汙點，則晚年易招不幸。男人以「上
停」論才華、智慧、事業；女人以「下停」論
福份、子女運。

1、 下停位在鼻頭至下巴，代表衡山、北嶽。
南方人額頭開闊，腦筋靈活；北方人比較
兇悍，貴格都出在此，北方人下停位飽滿，
代表穩定性較高，所以國都在北平。

2、 下巴太小容易緊張，如小鳥都沒有下巴，
所謂「驚弓之鳥」的意思。

3、 我們看很多藝人下巴都很短，代表持續力
不夠，家庭觀念比較淡薄。

4、 下停位飽滿的人較有家庭觀念，重視親情，
而且情慾也較重。

5、 嘴唇厚，代表生殖機能旺盛，也代表恆心
和毅力。農業時代生小孩都沒有節制，要
做很多的家事，所以地閣非常重要，若地
閣削就沒有辦法。

6、 政治人物下停位削，代表國家運勢不安定；
所以選擇適當的國家領導人，就顯得非常
重要。

三停論命不傳之秘

7、 下停位飽滿的人體力佳，心肌功能好，心跳很慢；下停位削，可能常常緊張的關係，會有命宮（印堂）閉鎖的現象，心跳較快。

8、 下巴代表水星，也代表一切供養之象，小至嬰兒，大至老人，若下巴削，代表家業很不穩定。

9、 下巴飽滿代表處事圓融，若膚色黑、聲音粗，表示「硬氣又有肚量」。

10、 下停位飽滿的人，很重視人際關係，所以穩定度很高，持續力很久。

11、 下停位飽滿的人，他的慾望很高，加上額頭寬廣開闊，賺錢只進不出；下停位削的人，財源不穩定，進進出出。

12、 下停位飽滿，父親很關心他，但很嘮叨；下停位削的人，不喜歡和長輩講話。

13、 下停位飽滿的人沒有心機，有什麼講什麼，會常常和老婆聊天。

14、下停位削的人，其先天特質有二：一為經濟或財源不穩定、二為肚量不夠。

15、下停代表地才，代表經營產業的穩定度。下停位削的人，與奴僕之間的關係不會太長；反之，下停位飽滿，代表奴僕與他相處的時間會很長。

16、下停位是地才，下停位暗代表房地產或事業要變動了，也代表腰，腰會痠。

17、下停位代表敏銳度和安全度，又代表庫存量，包括錢財和不動產，下停位飽滿的人會努力經營與守護著它，不會任意揮霍。

18、小孩子下停位飽滿，膚色白靈巧；膚色黑會說謊。小孩子眼睛無神，下停位飽滿，會變油條、說謊成性、不誠實。

19、地才承載一切眼睛所看，額頭所想的，代表庫存一切的知識、財帛；顴位代表自己所努力；額頭代表承襲上一代的東西。上

一代的東西能不能留到這一代使用，甚至留傳給下一代，都必須看下停位，下停位若削，到這一代幾乎都會花掉。

20、下停位飽滿，膚色白最好，為安逸之相；若膚色黑，表示要承擔責任，比較勞心勞力。

21、下停位看心臟運作的負荷力；命宮看心臟發病的狀況。

22、下停位在 20 歲之前不能太飽滿會變成油條，太重於享樂，所以在 35 歲以前下停位削都還無所謂，過後一定要飽滿為宜。

23、下停位飽滿膚色黑的人，學習東西的速度很慢，但若學成之後，運用會很靈活，也因為他的反應比較慢，與人吵架都會輸。膚色黑聲音愈沉反應愈慢，但是只要讓他有思考的時間，他就會將事情處理的很好，所以這種人對他的要求，不能過於急促，

正所謂欲速則不達。

24、 與下停位飽滿的人學習，除非他不知道，否則會盡其所知的教授於你，若下停位削就會有所保留。

25、 下停位短的人在家待不住，許多藝人長期的東奔西跑，除了是經濟因素之外，其實都和下停位短有相當的關係。

26、 下停位飽滿屬於安逸厚重之象，下停位削屬於靈巧、速度、反應、思慮都很快之象。

27、 額頭寬闊，地閣豐圓盈滿，為「廣德部學堂成」。代表知識很廣泛，上知天文，下知地理，學習層面很廣，博學多聞。

28、 下停位削的人專精於一二，是故外國人工業技術很發達，和下停位削有非常直接的關係。

29、 眼睛大有神，聲音宏亮，代表夠威嚴，若下停位飽滿，在家一定很專制。

30、 大兒子下停位飽滿，最小的兒子下停削，
　　 代表家運以前很安定，到後來經濟較不穩
　　 定。大兒子很胖，代表他父親很愛面子；
　　 小兒子胖，代表長輩對慾望的渴求。

31、 老年看子女孝順的對待，必須看「下停
　　 位」，要厚實飽滿、氣色佳。

32、 下停位飽滿、顴位漂亮的人，在家對小孩
　　 子的要求很專制，也很照顧，因為下停位
　　 代表受供養之象，對子女不放心，而且和
　　 子女的親情非常好。下停位飽滿在家常和
　　 小孩子玩，很容易就打成一片；下停位削
　　 和子女的親和度就不夠。

33、 地庫飽滿代表庫存量很多，所以怕別人侵
　　 犯他；天倉飽滿上一代會留下產業或財產。
　　 天倉削主攻擊，飽滿主防衛；地庫飽滿的
　　 政治人物不喜戰爭或激烈的爭鬥，地庫削
　　 則性喜戰爭與激鬥。

34、 下停位飽滿的人，不能顴鼻平均，因為晚輩變成平輩，會有賓欺主之象。

35、 人脈和人際關係的好壞，首看顴位，顴高主有山頭人脈強。下停位飽滿人際關係非常好；下停削人脈就不穩定。

36、 下停位飽滿的人很專制，對事情的觀察也很敏銳，於是會達成任務，而且比原先的要求做得更好。

37、 下停位飽滿的人，不瞭解的事情，會去請教別人，不會隨便做判斷或決定；而下停位削的人，就不會去請教別人，因而常常深陷泥淖。所以要去請教下停位飽滿的人，才不會將自己陷於孤軍奮鬥之中。

38、 天倉平、地庫削，做事先斬後奏，有事情也懶得和太太商量或解釋。

39、 額頭寬闊下停位削，但是體重身材份量夠，我們就不能論他是下停削，因為只要體重

夠，氣色紅潤就代表安定。

40、膚白眼柔、額頭廣闊、下停位削，處理事情自有一套，不喜歡和他人多講或商量；若眼睛有神就喜歡和別人講。

41、下停位飽滿、眼睛有神的人，什麼事情絕對不可以瞞著他。下停位代表敏感度，眼睛代表對事情要求的正確度很高，若顴位又有力量，就表示他不會任意虛耗時間，非常講究效率。

42、腮骨代表剛毅、情慾，女性代表用情之深，絕對不可欺騙這種人的感情，因為她的破壞力和殺傷力很強，尤其膚色黑的人。腮骨在女人代表感情的運用；在男人代表情慾的講究。

43、膚色白、眼睛正、腮骨起，這種人講義氣，因為腮骨起屬金，腮骨起最怕跑去賭博，坐下去就不知道如何收場；若再印堂鎖、

眉骨平，會為朋友傾家蕩產，所以腮骨起的人往往替人打天下。

44、腮骨起、額頭寬廣，適合做國際貿易；腮骨起、眼神正，為兄弟朋友付出，很講義氣；腮骨起、眼神斜視，則佔盡朋友的便宜。

45、腮骨起、膚色白、愈瘦愈會因朋友的是非而遭受連累。腮骨起必須要有「營養質」來襯托，否則到最後都是替人打天下的角色。

46、額頭氣色清，代表岳父對你印象很好。下停位飽滿會有實際的金錢資助，但是氣色宜淺黃為宜；若下停位削，往往只是精神鼓勵的成分居多。

47、地庫飽滿的人，交際應酬特別多，表示有食祿；若地庫削的人應酬多，最後身體都會出毛病。

48、 下停位飽滿的人，人際關係很好，加上額
　　 頭寬闊，找他接洽事情會無往不利，因為
　　 其領導能力很強，管理才能佳。下停位削
　　 的人，眼神亮、聲音粗，形成戰鬥格，代
　　 表人脈不穩定；愈胖下停位愈不能削，表
　　 示家業會出大紕漏。

49、 年過 35 歲，還是瘦瘦的，代表不穩定的現
　　 象，此乃剛毅之性還未下沉之故。

50、 白白胖胖為守成安逸、繼承家業之象；黑
　　 黑胖胖雖有家業可繼承，但自己想賺錢的
　　 慾望卻很強。

51、 膚色黑、下停位飽滿、聲音粗，代表有實
　　 力；膚色黑、下停位飽滿、聲音柔，這種
　　 人靠腦筋賺錢，常常妄想一夜致富，但是
　　 往往這種人婚姻、事業方面都會失敗。

52、 膚色白用口、腦指揮，膚色黑的人付出勞
　　 力；膚色黑、下停位飽滿，怕事情無法完

成，所以會自己動手做。

53、 小孩子瘦沒關係，只要口角旁邊的兩塊肉
有，就算合格，代表他父母雖然很拼，但
還是會稍有積蓄。若沒有這兩塊肉，則家
業必然困難重重，奔波勞碌無所得之象。

54、 口唇的色澤暗沉，須預防是否為食物中毒
的現象；口唇生疱疹，代表身體過度的虛
寒或預知下體會出問題的徵兆。

55、 下停位飽滿，對錢財的危機感很重；下停
位削、聲音粗的人卻常常鬧窮，但也習以
為常。很多年輕人天倉削、下停削、額頭
氣色暗，這種人蓄財的能力很差，所以就
會常喊窮。

56、 額頭的氣色代表用錢的狀況；下停代表他
口袋有多少錢。下停位飽滿的人，身上沒
錢他不敢出去；但是天倉削、額頭氣色暗，
就算沒錢他也敢出門。

57、 下停位飽滿的人本身有多少錢財不會和你
表明，因為他要保護自己。若下停位飽滿、
眼神剛毅、精明的人，氣勢強、圓融，所
以向他借錢很難，除非他命宮鎖，則比較
可能借到錢，沒有耳垂的人也比較容易借
到錢。向下停位飽滿的人借錢是比較容易，
但必須眼神柔、膚色黑，因為他會不好意
思拒絕。下停位飽滿的人很難拒絕別人的
要求；下停位削的人很剛毅，借不借很乾
脆一句話。

58、 下停位飽滿是真正善於應變的人，若想和
他打迷糊，最後吃虧的會是自己；下停位
削的人則不會。

59、 最坦白與最會說謊話的都是屬於下停位飽
滿者，因為他會視彼此之間的對待狀況來
與你互動。你敬他一分，他回敬你三分；
你敬他三分，他會全心全意對你付出。

60、 下停削的人表達直接、積極、突破、攻擊、
主動、剛毅硬氣，對部屬推動力量很強，
當作機器一樣在使用，一個人當作兩人用，
尤其下停削、聲音粗，更是不管部屬死活。
下停位飽滿的人，體恤部屬員工，所以產
量都不大；下停削對員工敢要求，所以產
量很大。

61、 下停位削的人，總是想以最低的成本來換
取最大的利益，所以常常會造成公司營運
不穩定的現象。

62、 無論下停位飽滿或下停位削，只要是額頭
開闊，在家都不喜歡幫忙做家事。若氣色
稍暗，顴位平均，膚色較黑，就會幫忙做
家事，因為顴位代表看不下去。

63、 上唇翹、膚色白的人任性，膚色黑的人講
話誇張不認輸，但也代表自信。

64、 下停位飽滿、沒有耳垂的人，有時候處理

事情會比較「衝」。

65、時常練習「吐氣」保持 13 ～ 15 秒左右，丹田會漸漸很有力，因此會改變一個人的身體命運，講話時別人才能接受，因為「氣才夠沉」。

66、腮骨起、眉毛粗的人，很想早日發達，但是一定要按部就班一步一步來，若想投機僥倖，肯定會以失敗收場。因為腮骨起屬「金」重，眉毛粗為「木」重，因而產生「金木交戰」的現象。

67、下停位飽滿，但嘴形不佳是屬於破格。嘴形不佳沒有誠信，所以人中、上唇、下唇，在 20 ～ 40 歲之間所學的東西要貫穿到 50 歲來應用，若嘴形佳，主後續有力，晚景看好。

68、下停位飽滿的人經營農場，若氣色差，農場經營會不順利。下停位暗會得瘟疫；顴

位暗，壓力大，做得很辛苦；額頭暗就會在經營模式上時有判斷錯誤的現象。

69、耳垂弱、下停削的人，決定事情會比較倉促。

70、下停削、眉毛稀疏的人，交往的朋友容易來來去去，向心力不足。眉毛稀疏很聰明，但朋友是非多，熱得急，冷得也快。

71、臉上有赤點，代表事情很難處理；若臉上整片赤色，更代表所發生的事情無解。

72、當兵很多人的氣色都微黃，而且蒙上一層黑氣，這就是「牢獄之災」的氣色。因為當兵就好像被囚禁，所以才會有這種氣色，但是目前當兵相對比較輕鬆，所以有此氣色的人就沒有以往那麼多了

73、法令看事業的穩定度，左法令看事業前三十年的穩定度，右法令看後三十年的穩定度。如男人左嘴角歪斜主前三十年運勢

不穩，男左女右配合下去看。男人地庫削而左法令不佳，代表他父親的運勢不穩或是常搬家；法令又代表男人的雙腳，左法令不佳有痣代表左腳有問題，右法令不佳代表右腳有問題。

74、面相若左右面沒有辦法看出行早運或者行晚運，這時候就必須以直線流年來做判斷。若額頭、鼻子漂亮主行早運；人中、地庫飽滿主行晚運。臉較長的人屬陽人，臉較短的人屬陰人，臉長、鼻子高而聲音粗者為純陽之象，陽性很強的人有時候做事情會不顧一切；臉較短、肉較多的人屬陰人，他的心思較細密，所以這種人所做的事情別人有時看不出來。

75、臉較長的人如外國人，必須用三分法的三停來判斷；臉較短的人如中國人，必須用二分法以面相的左右來判斷。臉較短的

人，較重自己，氣度不夠，交際手腕不如臉較長的人；臉形較長的人氣度大，交際手腕強，如錢復、錢其琛。面相的左右二分法行早運或者行晚運，若男人左面飽滿照理前三十年佳，但事實上主大運到四十歲，過四十歲就必須小心，因為以前的人壽命較短，現在的人壽命較長，應該拉長，應以三十五歲或者四十歲為前半段的運，四十歲以後才屬後半段的運。

76、臉短的人若行早運，過四十歲以後就會比較累，勞心勞力過日子。臉長用三分法的人，鼻子、額頭佳，年輕時日子過得很安逸，下停若無力晚運就比較差。

77、有些人左右耳不平均，左耳代表父親的心性，右耳代表母親的心性。也關係著懷孕時攝取智慧到什麼程度，和周遭溝通有沒有辦法吸取別人的智慧，所以耳朵代表父

母親遺傳的現象。而麻臉的人代表是非多，年輕時期會比較辛苦。

78、 未來世界的趨勢會先從俄羅斯、英國、法國、美國敗起。因為他們的下一代天倉削、地庫削會破產，先天理財能力和儲蓄的觀念都沒有，什麼東西都用貸款，不像中國人天倉飽滿儲蓄觀念都很強。

79、 天倉平、地庫削、顴位高，不得天時地利人和，家無祖產，只有靠自己奮鬥。膚色黑、天倉平，家業不穩定，再加上地庫削，就算家有祖產到他手上也會敗光，甚至沒有辦法傳到他手裡。膚色白守得住，黑守不住；膚色黑聲音無力的人，做事無原則，做錯事也無主張。

80、 地庫位飽滿有繼承的現象，膚色黑、下停位飽滿，繼承還會再開創；膚色白、下停位不能太飽滿，因為會太重於貪圖享受。

女人膚色白、下停位飽滿，有腮骨來襯托，聲音結實，要負擔很重的家業，因為聲音結實，須肩負責任。

81、下停位削，代表你所學的學識和知識，欠缺圓融。眼睛有神，欠缺的還很多；眼睛無神比較沒關係。

82、下停位削，眼神柔，代表感情不穩定，但是生活安定。

83、女人地庫飽滿，主有人供養，屬於老二格。女人若膚色白、鼻子高、地庫削，若去當人家二老婆，表示很會吵架；鼻子高，代表丈夫有事業，地庫削丈夫事業不穩。

84、女人三十幾歲肩膀不能太薄，主婚姻不穩；但是二十幾歲，肩膀也不能太厚，太厚對金錢的慾念太強。

85、女人下停看丈夫對這個家庭的責任感。下停削家業不穩定，下停飽滿、額頭漂亮、

三停論命不傳之秘

鼻子漂亮，家業穩定，但很會管她丈夫。

86、男人下停位飽滿，他太太額頭會寬闊。下
　　停代表他太太對他的敏銳度和財務的管理
　　程度與能力強不強，膚色黑自己很累，膚
　　色白為安逸之象。

87、聲音柔而下停飽滿的女人學什麼東西都比
　　較慢，但她不是笨，只是比較直。許多婚
　　前瘦削的女人學習能力很強，婚後變胖以
　　後學習能力反而變得很差。

88、下停飽滿的女人學習能力差，膚色白有人
　　替她處理，膚色黑就沒有，最後搞得自己
　　焦頭爛額。

89、男人地庫飽滿，他的太太工作很努力。顴
　　退，他太太在外面很努力工作；顴漂亮，
　　在家很努力工作。

90、夫妻雙方下停位都很削並不是好現象，代
　　表各忙各的，思想不一，夫妻其中要有一

位下停飽滿才能夠牽制對方。

91、眉骨高、下停削,有孤獨之命的暗示,到老無人養。

92、小孩下停削、膚色黑或青黃,代表家庭的安定度不夠,父母和小孩的親和度不好;父母和小孩的下停都很削,則現象更嚴重,表示父母親沒有盡到應盡的責任。若父母下停飽滿而小孩子下停削,則表示父母親很專制,雖有盡到責任,但和小孩子的親和度不好。

93、有些下停削而眼神柔的人,應該和小孩子的親和度不好,但若是沒有這種現象,表示此人一定鼻子高而顴位漂亮。這種人人品好,做事光明磊落,所以他對家庭能盡到責任,下停削只是他自己的事業不穩定而已。

94、接受朋友幫助而致富的格,必須是下停位

飽滿，額頭天倉漂亮。天倉代表先天的能力，命宮不能太低，太低別人幫助你而你又會回報人家，牽扯不清。眉骨高的人有財產自己花，不會留給下一代；眉骨低的人有財產會留給下一代。天倉平、地庫削、眉骨高不會留財產給下一代，外國人都是如此。

95、 女人地庫飽滿、氣靜、行為舉止很靜，主有房子三、四間，多到不知道要住哪一間才好。

96、 分析、判斷事情，找膚色白或膚色黑下停飽滿的人最適宜。

97、 地庫屬大海，飽滿的人所知道的東西很多，甚至能夠活用；地庫削最怕聲音粗，代表其人過於剛毅耿直。

98、 地庫削的人，決定事情不會顧慮對方。如膚色黑、地庫削，到你家做客至三更半夜

也不會考慮對方的感受，但是地庫飽滿的人就會。

99、下停位飽滿，小孩子會怕你，你若有不動產留給他，他會守住不敢亂花；若你的下停位削，他會花得很痛快，因為下停位飽滿的人對子女的要求很嚴格。

100、下停位飽滿的人，所學的東西會靈活運用；下停位削的人，所學的東西用起來就沒那麼靈活。下停位飽滿的人，人際關係好，有事情可以找他幫忙；下停位削的人就需要培養圓融的一面，但若是眼神柔，說話也會有靈巧的一面，眼神太強講話就太剛直、太硬。

101、地庫削的人到老都不得安逸，他是賺錢給下一代，出國機會最多；地庫飽滿的人會受到子女供養，比較不喜歡出國。

102、小孩子必須下停比你削，聲音比你粗或者

比你瘦，他才會幫你做事，若膚色比你白、
聲音柔又比你胖，表示他比你還更會享受。

第十章

面貌五官論命秘訣

面貌五官論命祕訣

　　耳朵、眉毛、眼睛、鼻子、嘴巴，稱為五官。五官對於面相年份來說，一官管十年運。五官耳朵（採聽官）要色鮮、高聳於眉、輪廓分明、貼肉厚實、鳳門寬大者，謂之採聽官成；眉毛（保壽官）要寬廣、清長入鬢、懸如新月、首尾豐盈、高居額中者，謂之保壽官成；眼睛（監察官）要含藏、黑白分明、瞳子端定、光彩射人、細長極寸者，謂之監察官成；鼻子（審辨官）要端直、印堂平闊、山根連印、年壽高隆、準圓庫起、色鮮黃明者，謂之審辨官成；嘴巴（出納官）要方大、唇紅端厚、角弓開大合小者，謂之出納官成。

　　這是一般命理書籍對於面貌五官的論述。如今筆者要以畢生絕學來公開「面貌五官」對於人生禍福的論斷，對於初學者或是已經研究面相多年的人，必定會是如獲至寶的珍藏。

耳朵「採聽官」論命訣

　　「耳朵」為五官之採聽官，觀其 1～14 歲
童年時期之運勢。相理佳則一生衣食無憂，縱
有困難也能逢凶化吉；反之即使其他相理佳，
耳朵卻輪廓凹凸，大小不齊，氣色灰暗，耳露
廓反，則難成大業，成敗無常。

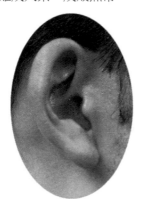

1、　耳朵大的人不會「耳根軟」，所以他的人

事很安定，不被流言所左右而靜若處子。膚色白、聲音柔、耳相太小的人，耳根軟，易受流言所傷，而氣在心裡頭；聲音粗就會主動找人去理論，不會悶在心裡。

2、　耳朵大的人，與兄弟朋友的關係非常穩定，相處不會有什麼糾紛；耳朵小的人，兄弟朋友之間有時糾紛就會比較多。耳朵大的人兄弟朋友之間任何狀況都可以排除，而且都會聽你的話；耳朵小就算額頭漂亮，兄弟朋友也剋的很厲害。所以耳朵小、額頭漂亮，兄弟朋友照傷不誤，雖然額頭主協調性，但只要耳朵一小就沒有辦法協調。

3、　耳朵代表別人對你長上風評的好壞。耳朵大額頭寬闊，表示長上做人成功；耳朵小，代表長上做人失敗，在生活困頓貧窮的時候，讓左鄰右舍、親戚朋友更加看不起。

4、　耳朵在母體內是最先長出來的，和鼻子一

同成型。若耳朵相理很不好，代表母體在懷孕時受到周遭環境的影響很大，包括受到驚嚇、跌倒，或是其生活、工作環境非常的惡劣。

5、 耳朵小、鼻子低，家庭是非不斷，若額頭漂亮，主應離鄉背井。耳朵看周遭人士對你的幫助，所以論有無貴人不只看額頭，耳朵也非常重要。

6、 耳相好，能獲得兄弟的輔助；耳相不佳，兄弟輔助少，必須靠你自己奮鬥。耳朵反、眉目秀，欠兄弟情，當你有困難的時候，他們幫助你的力量很小。

7、 耳朵代表「外學堂」，耳朵大代表所吸收的知識很廣。但耳朵太大，人會變得很懶惰，都要做一些輕鬆的工作，若再聲音無力、眼睛無神，便不想再工作了，但是他還是可過很好的生活，因為耳朵好，主應

有 40～60 年的好大運。

8、 耳朵太小，吸收外來的知識太武斷；耳朵
大，判斷才會多樣化，穩定處理。耳朵太
小的人，武斷、急性子，天輪縮變跂扈，
所以耳朵一定要有耳垂。耳垂能夠平衡他
的穩定度，沒有耳垂處理事情會過於浮躁，
因為耳垂會緩和他的速度。

9、 耳朵也代表「開明學堂」，耳朵大吸收知
識很多而且廣泛，額頭再開闊，則這種人
很開明，很好商量。

10、 耳朵上半部代表「天輪」，中半部代表「人
輪」，下半部代表「地輪」。天輪不張開，
代表父母親沒有高等思想；天輪張開代表
父親腦筋很好，但曾失敗過再爬起來，所
以天輪張開的人主先敗後成。

11、 耳朵雖小，但只要色澤佳也很好，代表他
的思慮、活動力都很強；耳朵雖大，色澤

黑暗也是枉然。所以「敗腎」必須要從耳朵去看，一般敗腎都是腦部和腦下垂體有問題。

12、人輪在耳朵的中半部屬於「筋骨質」。人輪反，父母親是做工的人，甚至祖父那一代也很辛苦，屬於筋骨質力量愈大，吃的苦也愈多。耳朵小，輪飛廓反，主早年、早運與本身都很辛苦。

13、耳朵可以看出我們長輩的智慧高到什麼程度。如王永慶和松下幸之助，他的長輩一定很聰明，但一定敗的一塌糊塗，因為天輪「張的太開」的緣故。

14、地輪耳垂代表「營養質」，耳垂豐滿代表處事穩定，更換工作的機率很小；沒有耳垂的人，很會換工作，變動率很大，會導致人事的不穩定。小耳朵聲音宏亮，刑剋的力量很大。

15、耳朵大、耳垂大，童年運過得很好；營養
質愈豐厚，吃穿都很好，地庫再飽滿，表
示家裡很有錢。

16、耳垂豐厚、地庫位飽滿屬於「營養質」，
代表小時候家裡有什麼好吃的都會留給他
吃。耳朵大、地庫飽滿，也會受到祖父輩
的疼愛。

17、耳朵的流年，左耳1～7歲，右耳7～14歲。
左耳大運20年，鼻子大運20年，右耳大
運20年，左面大運30年，右面大運30年。

18、耳朵小的人一生很辛苦，大運總共有40
年，他的一生不勞心，必為勞力之人。

19、心性質的耳朵，天輪若張開，膚色要白才
合乎標準，若又黑又暗，就露出筋骨質的
特質，表示有志難伸。心性質的耳朵，色
澤黑氣暗沉，主兄弟情絕。耳朵代表「金、
木」二星，代表兄弟；耳相不好，不要寄

望親族、兄弟會幫你，若額頭再敗，必須離鄉背井。額頭、耳朵敗，眼睛無神、地庫削，自己去世的時候，親戚、朋友也都不理他。

20、耳朵大而沒有人理他，其氣色一定很黑；最小的兒子若黑又瘦，則這小孩子得不到他家的祖產，會被他父親花掉。黑又瘦代表木剋土，表示上一代有反背的孩子。

21、筋骨質的耳朵整隻都反，甚至沒有天輪也沒有耳垂；純筋骨質若肯吃苦還沒關係，但耳相不佳必須要有好的額來做彌補。

22、自古貴人有貴眼而沒有貴耳，這種人會幫人家，會救人家，又很有才華，但這種人的耳朵往往不是最標準的。耳朵大的人，真正很有才華的不多，因為他是富貴人家，只是富而已，真正會助人的都是耳朵小的人。

23、 高大的人耳朵不可太小，若太小則歷盡成敗得失，失敗的機率很高，劫財的力量很大，兄弟來劫他的財。所以胖的人耳朵要大，要不然易遭遇橫禍，運勢不穩。

24、 耳朵若很軟的人很好，代表太太很疼你，你都不用做事。耳朵愈厚代表腎氣旺，愈硬代表勞碌。耳朵又白又軟，代表心性質和營養質搭配的很好，是為好命人。

25、 耳朵大代表長壽。王永慶的耳朵筋骨質非常旺，天輪張開，心性質也很強，聲音粗、鼻子露骨表示吃了很多苦，天輪起的人很聰明，所以有成功者的特質與條件。

26、 耳相好 40 年大運好，到年老又重新算起，所以耳相好，命就好。耳相很好但不發，可能體型太早發的關係，面相好 30 歲以前不可太胖，35 歲以後胖才是標準，太早胖，中年以後就無運了。

27、耳朵小的人，夫妻常會吵架，聲音愈粗，吵得愈厲害，聲音柔會冷戰。女人耳朵不佳，大都婚姻會出問題。

28、看相以女人和小孩子最容易看，男人是藏相，女人是露相。以前女人給小孩餵奶，當眾露乳都是很平常，所以女人屬露相。在道家來講男人是七寶之身，女人是五露之相；天文很少人會懂，但地理卻很多人會看；因為天文屬陽屬男，地理屬陰屬女人的關係。

29、耳朵看壽命。耳朵大的人一般壽命都長；耳朵小的人難以享受太多的福祿。

30、看你能否繼承家業的先後順序：第一耳朵大、額頭開闊的人最有希望繼承家業；第二必須顴位高、地庫佳；第三以耳朵最為優先，耳朵敗看額頭，額頭敗看顴位，顴位再敗，就沒有繼承家業的希望了。

31、眼睛柔、耳朵大，還有希望繼承家業，耳朵大代表40～60年好大運。五官敗的很厲害，只要耳朵大，這輩子都還算穩定，因為至少還有祖上的庇蔭。

32、親族之間的往來，必須看耳朵。耳朵大、眼神柔、膚色黑，親族常往來；耳朵大、膚色白，親戚、朋友也會主動聯絡。耳朵小只有現在的朋友，過去交往的朋友會愈來愈少；耳朵大，現在、過去，甚至未來的朋友都有。

33、耳朵小、瘦的人無所謂；胖的人，人事會很不穩定。耳朵小的人朋友很容易斷絕來往，若有也會帶給他困擾，因為耳朵小，他的朋友也過得不好。

34、耳朵大、膚色黑而眉骨低的人最慷慨。若向耳朵大、眉骨低、地庫飽滿的人借錢一定沒問題，一般耳朵大的人重情。

35、耳朵代表住所，耳朵大的人生活較穩定，本身也不喜歡搬家；耳朵小的人因為現實環境的關係，迫於無奈，居無定所，所以會有常常搬家的現象。

36、耳朵小的人和左鄰右舍意見常不合，甚至住在對面也都彼此不認識。耳朵大、膚色黑的人，人事最穩定，公關最好，在地方上有名望，很多時候會被推舉出來競選民意代表。

37、天輪高起的人很聰明，又主和高階層的人接觸；人輪主和一般人接觸；地輪主和中下階層的人交往。蔣經國能夠如此的平易近人，主要是他的耳朵天輪與眉齊，人輪和鼻子平，地輪和嘴齊，耳垂有朝口，三種思想齊發的原因。若只有天輪高大清高，膚色白變孤獨、孤寂；真正能夠與人融和在一起的人是耳朵大、膚色黑的人。

38、耳朵大的人意志力強，強到可以當將領、
國家元首；耳朵小的人不能當將領，因為
不能保密，所以隱密性高的是耳朵大的人。
培養一個人才，最好是耳朵大的人，若耳
朵小的人，他很快就會跑掉，因為其穩定
性不高。所以許多政治人物都從當初一個
小職員幹到行政首長，就是因為他的耳朵
大，情緒起伏較穩定的關係。

39、天輪代表「心性質」，人輪代表「筋骨質」，
地輪代表「營養質」，所以沒有耳垂的人
營養質不夠，天輪飛廓反的人筋骨過旺。
沒有耳垂表示營養質不夠，也代表上一代
的人際關係比較差，周遭環境不是很穩定，
人和還沒有建立起來。

40、面對面不見耳為貼耳，代表家族的穩定性
很高，所以都會和父母住在一起。耳朵張
開，他的父親會從很遠的地方來和他住在

一起；天輪張開你和你父母都不是很穩定，尤其眼睛放光者更是，雜事很多，眼睛柔者較無所謂。

41、耳朵張開，祖業曾耗損過，父親也曾失敗後再爬起來，但能否重振事業，前提必須要天倉飽滿。天輪張開、人輪反，表示父母親那一代很辛苦，也很不穩定。

42、耳朵小的人決定事情太快，尤其買東西的時候，地庫又飽滿則更快。耳朵小只要天輪、人輪、地輪三者配合的不錯，色澤又白，天倉飽滿，這種耳朵也很有價值，他的長輩也過得不錯。

43、天輪張開、顴位退，他的父母不會和他一起住；顴位高聳，他的父母就會來和他住在一起。

44、耳朵張開，上一代的動性很強，東奔西跑；天輪張開，亦主上一代的頭腦很好，但必

須耳朵長才合格。

45、耳朵大、膚色白、地庫飽滿，表示經濟狀況佳，幼年運很好；若下停削，只要耳朵好的相理來補救，幼年運還是會過得很好。

46、耳朵的色澤很白，代表名望如日中天，又代表腎氣旺；人很虛的時候，耳朵會變黃色的。

47、耳朵紅的人，腎火旺，忌行房，否則會傷到大腦或腦下垂體。耳朵黃，表示腎已經開始在敗壞，至於「敗腎」的原因可以分為很多種，除行房過於頻繁之外、體力負荷過重、用腦過度、連續一星期不睡覺、菸抽太多都是敗腎的元兇。耳黑代表敗腎已經很嚴重，也代表兄弟無助；耳朵暗，兄弟已開始失敗，而且耳朵暗的人脾氣很怪。

48、耳朵小的人，只要氣色好就比較沒關係；

耳朵小的人，腎功能比較差，所以房事會
比較沒有興趣。

49、貼腦耳會和父母親住在一起，很依賴父母
親，耳朵愈大依賴心愈重。

50、垂肩耳代表上一代的田園有多少，食祿有
多大；上一代的田園、食祿愈大，我們的
耳朵就愈大。垂肩耳又代表受到供養，像
許多大官員與非常富裕者的耳朵即是。

51、耳朵小的人，有個很明顯的缺點，就是講
話比較意氣用事，有什麼不愉快，會馬上
表現出來，所以很容易就會得罪或是傷到
親戚、朋友、妻子、先生。耳朵大的人，
就沒有這種缺點；但是耳朵大、眼睛無神、
鼻子低的人有時卻也很容易會傷到人。

52、耳朵代表腎、智慧、思考；腎代表思考力、
推理、判斷。若耳朵和額頭的氣色都很漂
亮，代表他的腎功能很好，腎水心火已經

相交。腎水心火不交，主為人脾氣不好，煩躁不安；若水火相交，額頭的氣色一定很漂亮。

53、耳朵天輪、人輪、地輪，三輪俱等，主應老運榮昌，如前經濟部長趙耀東即是。

54、露廓（又曰廓反）的耳朵，必須過房；耳朵小的人，膚色愈白，呈現心性質，小時候愈不好養，甚至養不活。廓反屬於筋骨質，早年家庭環境很差，但這種人小時候很好養，膚色愈黑家庭環境愈差。

55、廓反、膚色黑，論他的長輩為貧窮勞苦之輩，也代表他出生的時候環境很差；在社會上活動力極度的不穩定，他若看某人不順眼會馬上批評。耳朵小、地庫削、眼睛亮，批評的力量更大，其態度帶有「情緒」的反應。

56、耳朵小、鼻子露骨的人，重朋友而沒有家

庭責任，父親也是這種人。耳朵大的人比較有家庭責任而且顧家。

57、耳朵小、鼻子露骨，主父親不顧家；但若耳朵小、膚色白、聲音柔、地庫飽滿，則他父親反而很顧家，只是此人不好養而已。地庫飽滿，嘴角旁一寸的地方「頤海」，這兩塊肉很重要。耳朵是依賴父母的衣食有多重；「頤海」是父母親留給他的東西有多少。耳朵大，主和父母住在一起的緣份有多大，下停位「頤海」的地方，代表父母會留下多少東西到你的手裡，若沒有「頤海」就要靠自己奮鬥。

58、扇風耳（耳朵向前張開，耳薄無垂珠，耳廓不明顯，耳孔細小）、眼睛無神、聲音無力，父親早亡。聲音代表父母的抵抗力，韌性有多強；耳朵代表父母的壽元，所以長壽是會遺傳的。

59、扇風耳又代表祖業已經耗盡，除非其下停位飽滿，顴位漂亮，否則祖產沒有他的份，上一代就已花光了。但是扇風耳的人，若是色澤漂亮，代表頭腦聰明。

60、耳朵小又廓反，眼睛無神、聲音無力，主父母壽元短，從小由單親撫養長大。

61、鼠耳（耳朵形狀尖薄短小又歪斜，天輪不齊凹陷，地輪尖且無垂珠），主以前的家業不穩定，家庭的協調度不夠，若額頭漂亮，顴位漂亮，地庫漂亮，還能夠彌補其不足。鼠耳主判斷事情，決定事情都太快；亦主上兩代的緣份較薄，雙親一定有一位和他的緣份較薄。

62、開花耳（耳朵天輪損缺凹陷嚴重如開花狀），女孩子都屬於「偏房格」。開花耳、扇風耳，女人婚姻的穩定度都很弱。

63、耳孔的地方多生一條長長的軟骨出來，代

表他父母在懷他的時候環境很惡劣，雜事很多很煩，壓力很大，這種人將來的成就很有限。

64、耳朵有毫毛主長壽，而眉毫輸耳毫，耳毫又輸頸項三條的紋路，只是太年輕頸項下有紋路，主有自殺的傾向。

65、耳朵大為金旺，加上嘴唇厚為水旺，金來生水，為富裕之格；所以耳朵大、地庫飽滿的人，一生安逸。

66、耳朵小，若失敗或者小時候很苦的時候，親戚、朋友會看不起你們。耳朵小代表六親無緣與父母親做人失敗；耳朵小的人講話很直，代表筋骨質的個性，故不得人和。耳朵大而有耳垂的人屬於營養質，講話婉轉得人和，所以即使失敗，他的親戚、朋友也不會看不起他，亦代表六親有緣與父母親做人成功。

眉毛「保壽官」論命訣

　　「眉毛」為五官之保壽官，十二宮相法為兄弟宮、福德宮。男性左眉，主公事、父親、兄弟；右眉主私事、母親、姊妹，女性反之。眉的流年31、32歲左右眉頭，眉清目秀無雜亂斷眉，則諸事如意，家道隆昌；33、34歲左右眉尾，清秀美麗，鼻隆地閣又方厚，則福德俱佳，宏業亨達，門庭昌盛，名利雙收。

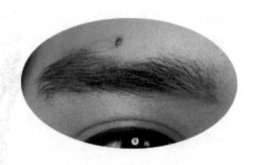

1、 從藝人的眉毛可以瞭解他們的演藝生命有多長。眉毛稀疏者，演藝生涯短，切勿與他人有金錢上的往來；眉毛濃而秀長者，演藝生命長，觀眾緣好。

2、 女人修眉毛或紋眉，絕對不可以紋修成一字眉，一定要將「弓」修出來。一字眉的人沒有秩序性，女人的媚態沒有辦法表現出來，生性剛直，故不宜。眉毛一定要細，不可太粗，夫妻的細膩度才會顯現出來。

3、 男人眉毛疏淡，他的太太顴骨不是高聳就是微張；眉稀疏淡，聲音有力的男人會打老婆。

4、 眉毛是保壽宮，代表壽命的一環，屬於肺經和手足，以及雙手靈巧的程度。壽命長的特徵是眉尾下垂生毫毛或頸項下出現三條皺紋者。

5、 老人食量大、微胖、膚色黑，壽命頂多到

七十幾歲；因為食量太大，脖子的皮膚不會很鬆，愈老頸項下三條皺紋很重要。

6、　眉毛長的很好，主朋友很好，對你有幫助，但本身的親兄弟有問題，主欠兄弟的情。眉稀疏淡者與兄弟之間會有金錢往來的糾紛。

7、　眉毛稀疏的人，和兄弟之間有距離，而眉毛清秀者很重視兄弟情。

8、　眉毛清秀的人，與他交往再久，和你的感情也不會變，故眉毛亦代表「交友宮」。

9、　眉毛疏淡者，兄弟朋友交往的時間不長，熱度很快就會過去。眼睛無神、聲音無力更糟糕，都是他自己花錢；眼睛有神、聲音響的人就比較會量力而為。

10、眉毛在 31 歲左眉頭名「凌雲」，32 歲右眉頭名「紫氣」，33 歲左眉尾名「繁霞」，34 歲右眉尾名「彩霞」，也代表窗戶，看

出去的風景漂不漂亮，必須看眉毛，眉毛秀者，風景很漂亮。女人眉毛秀者看起來很舒服，媚態夠，表示這女人的人緣桃花好；女人眼睛有媚態，膚色白而鼻子高，當人家的姨太太，格局就很高；若膚色黑、鼻子低就得不到寵幸了。

11、眉毛可以看感情和友誼的「持久性」，女人若眼睛有神而鼻子高，沒有眉毛無所謂，別人一樣會對她很好，但不會長久，尤其是當人家姨太太的人。

12、左眉為「凌雲」，右眉為「紫氣」，眉毛屬木，額頭屬火，眉毛秀者必須額頭佳。眉毛秀者對父母親很有孝心，一離開就會想念；眉毛秀者為長子格，所以長子若眉毛不佳，在家就不能掌長子權。

13、長子一般眉毛都很秀麗，因為當時父母親的感情都處在最佳狀態，所以次男以後眉

毛會較為疏淡，也代表父母親的感情，不像初婚時期的那般親密。

14、「繁霞」在左眉宮，「彩霞」在右眉宮。我們的臉就像一棵樹，鼻子代表樹幹、眼睛代表果實、眉毛代表樹葉、額頭代表開花、耳朵代表周遭的龍虎形勢。「繁霞」和「彩霞」所代表的意義就是，眼睛代表果實，再漂亮的果實也必須要有綠葉眉毛來相襯；耳朵代表周遭，也就是旁邊的樹，故耳朵小、反、薄者，代表家族無力、貴人無助，也代表長上和六親處得不好，故耳相不佳者，幼年愈貧窮，別人愈看不起。耳朵大者，大家族，富貴人家，生活穩定，也代表有祖德與祖蔭；但是耳朵太大，若眼睛無神、色黑，雖然代表父母公關能力很好，只是十歲以前父母離婚的機會很大。

15、眉毛有損，兄弟刑傷，眉毛若生一粒一粒

的赤氣點，兄弟有事情；若生在地庫，兒女有問題。

16、眉毛粗秀的人行晚運，早年和父母較無緣；眉毛疏淡者行早運，早年和父母有緣，膚色愈白愈早行好運。

17、腮骨張開的人，眉毛不能太粗，若眉毛太粗，代表所交的朋友很多都有不良嗜好或是投機性的朋友。眉秀者、膚色黑，替朋友付出較多；腮骨張開、膚色黑，替別人打天下，有勞無功。膚色白、眉毛粗，他的朋友較有投機性；膚色黑、眉毛粗者較不會。

18、筋骨質的眉毛粗濃，如郝柏村、布里茲涅夫。若一國之君，眉毛粗濃，代表歷盡生死之難；眉毛粗也代表煞氣重，和他共事的人甚至連命都難保。

19、聲音渾厚、眉毛粗濃，擔任國家領導人，

國家會有戰事或是內鬥嚴重，甚至其功名都是在戰爭中建立起來。如郝柏村靠 823 砲戰發跡，布里茲涅夫靠鬥爭發跡，不是沒有原因。

20、命宮鎖而眉毛秀者，欠兄弟債。眼睛亮者，欠兄弟債；眼神柔者，欠妻債。天倉飽滿得妻助，命宮鎖兄弟作怪，顴位退妻掌權。

21、眉毛秀的人命宮鎖，屬長子格，也代表兄弟對他的要求比較多。若營養質命宮鎖，兄弟會向他要錢；筋骨質則兄弟會有爭執。命宮鎖、鼻子低、顴位佳，表示欠兒女債，兄弟不錯，須一輩子掌權。

22、膚色白、沒有眉毛不怕，膚色黑、沒有眉毛的人最辛苦。膚色白為安逸之象，需要朋友來相助的力量可以比較少；膚色黑而沒有眉毛，頭腦最好、聰明，但若沒有朋友相助會很辛苦。

面貌五官論命秘訣

23、沒有眉毛代表營養質，為「慾念無窮」。

24、眉毛代表木，屬肝臟；肝臟在體內橫向生長，所以眉毛是長橫的。

25、命宮太開，達官貴人無妨，一般人不行；眼睛無神、聲音無力、命宮太開為人很健忘。黑社會人，命宮太開、膚色黑，為人太乾脆，過於豪邁，犯刑科，不修邊幅。命宮太鎖重情，常在回想以前的事。

26、眉毛為枝葉，故可以看六親。眉毛秀者，但額頭有傷痕、痣，主他鄉發展，在自己故鄉會「跑路」。眉毛散掉，額頭不能敗，鼻子高地庫佳，可在自己故鄉發展。額頭敗代表「祖德有虧」、六親無靠，所以不能在自己家鄉發展，就是眉毛秀者也沒有用。

27、額頭若敗，只要高度、寬度夠，可以從事幕僚、教育、五術命理、文化、藝術等工

作。

28、 眉毛代表交友宮，可以看朋友對你的幫助
有多大以及彼此交往的程度。眉毛散者，
和朋友會「斷」，拉力不夠；眉毛斷者，
和兄弟早年感情很好，但後來會散掉。

29、 眉頭濃、眉尾疏，代表夫妻感情一開始濃
後來淡。

30、 女人太瘦沒有營養質，家業不穩定，夫妻
好鬥，膚色白婚姻更是難以穩定。

31、 左眉、左顴都很漂亮，代表父親這邊的家
業勝過母親娘家。

32、 眉毛很少的人自我意識會很強，凡事只考
慮到自己。女人眉毛少，婚姻易破裂；眉
毛稀疏、聲音粗、膚色白為「無情」之表
徵。女人沒有眉毛，會讓丈夫遺棄或丈夫
早死；男人沒有眉毛，只顧慮到自己。

33、 臉上有骨凸起屬陽，沒有骨凸起而肉多屬

陰；陽性勇往直前，陰性閃躲逃避。臉上有骨凸起而無眉毛者屬陽，敢面對現實，擔負責任；臉上多肉無眉毛者，陰性重，容易離婚。膚色愈黑、沒有眉毛，讓丈夫遺棄；女人膚色白、聲音粗，眼神一定柔。

34、有眉弓和下停位飽滿的人，最有時間觀念；下停位飽滿、聲音無力的人，時間觀念就很差。

35、女人膚色白、眉毛少、微胖者，專攻於事業，導致婚姻感情變淡。眉毛秀者攻在親情；膚色愈白、眉毛淡的女人比較無情；膚色黑重感情。

36、眉毛頭濃尾疏，代表年輕時很辛苦，打拼過了35歲，就比較不會，也表示衝勁漸弱。眉頭濃代表「筋骨質」，眉尾散代表「營養質」。

37、沒有眉毛和眉毛斷一截的人是屬於「軍師

格」，代表智謀優越的獻策者。

38、眉毛有「毫毛」，其中有一兩根特別長的人，代表此人不善與人相處，講話很武斷，「壽毫」宜在 60 歲以後生才適合。

39、眉毛代表思想，如廖俊、豬哥亮說話的時候眉毛會動，這代表內心隨時在思考的現象，思想能夠靈活而活潑的應用。尤其豬哥亮的眉毛說話時會動，這才是「眉毛」有彩，代表思想和感情的發揮。

40、眉毛粗的人，做事較有魄力與膽識；眉毛細的人，魄力不足較含蓄，故不適合與人合夥做生意。

41、眉毛高，精神層次較高；眉毛低的人重物質。眉高而眼睛柔者，重男女感情，風花雪月；眼睛有神重實際精神生活。眉宇寬廣高，注重住家的佈置，外國人眉毛都很低，感情的波折很重，初緣都很容易失敗。

42、眉毛高，田宅宮就寬，田宅宮寬的人精力充沛；田宅宮有傷痕，住家不動產會有糾紛，若下停位有痣一定會吵架或打架。

43、藝人的人緣聲望若要持久，必須眉毛秀長且高，主名高，若眉毛不秀者，必須額頭寬廣。鼻高主位高，眉毛主名高；須配合額頭一起看，即鼻高者位高，眉高者名高。

44、左眉看自己的堂兄弟姊妹，右眉看母親那邊的兄弟姊妹，若額頭有傷，就算眉毛再清秀，這些六親也都沒有聯絡，所以額頭有傷痕，必須到他鄉發展。額頭寬廣，眉毛清秀，六親有聯絡，故適合在自己家鄉發展。

45、眉骨高有氣魄、有自信，加上天倉飽滿，屬於運動健將型，判斷事情很準。

46、眉高、天倉平、地庫削，這種人過度誇張太有自信，故有時說話的真實性有問題。

47、 女人眉骨高會剋夫，膚色黑會剋死。眉骨高代表筋骨質旺、殺氣重，膚色黑而眉骨高的女人，剋死一個換一個。

48、 男人眉骨高而聲音柔，主冷靜，若夫妻吵架會冷戰，其思維細膩，適合做設計或估價的工作。

49、 男人眉骨低很「惜情」，不好意思拒絕別人；向眉骨低而地庫飽滿的人借錢最好借，尤其是膚色黑更好借。

50、 眉骨高的人，判斷事情準確性很高，故地理師尋龍點穴，適合眉骨高的人。

51、 女人眉長過目，第一次婚姻容易失敗，故不宜早婚。眉長過目的人對於藝術、音樂、文學的鑑賞力很高。

52、 男人眉長過目沒關係，但不可以眉壓眼，壓眼代表談感情很快成功，但也容易失去。

53、 眉壓眼、眼睛亮亮的，傾向筋骨質的人，

若相親至少要 5 ～ 10 次才有成功的可能。

54、眉毛太高，表示田宅宮太寬，若眼睛失神會變得笨笨的，感情不穩定。因為太注重精神生活的層面，對現實生活不瞭解而產生代溝，所以這種人在社會上無法與他人有良好的互動，甚至做生意也不知如何經營。

55、眉毛高注重精神生活；眼神柔與現實生活脫節。

56、戰亂時期，若將領眉毛粗濃、聲音粗，代表部屬易有刑傷；地庫飽滿的將領愈戰愈安定。地庫飽滿代表安定，地庫削的將領，愈戰愈亂。

57、眉毛代表情感、計謀、判斷事情的能力。膚色白、眼睛無神、沒有眉毛，聰明但無情。

58、八字眉男人主氣魄；女人主柔情。膚色黑

婚姻不利，膚色白則無妨；八字眉若眼神不足、聲音柔，主懦弱。

59、**臺灣車禍會這麼多，很重要的原因是眉骨高的太高，低的太低，高的太過於自信，低的判斷力不準。**鼻低、眼睛無神、眉骨低的人，不要開車，判斷不準，注意力不能集中。車禍和鼻子低有很大關係，外國人鼻子高，注意力集中，故車禍很少。

60、「黃眉」的眉毛淡淡的像毛毛蟲，這種人親情很淡薄，聲音愈粗，親情愈薄，與父母、妻子、子女都一樣。

61、男人眉毛愈少、地庫削、聲音又粗，子女比較沒有成就；黃眉的人，除非地庫飽滿，否則他的子女生活都比較不穩定。

62、地庫削的人聲音粗，所拼出的江山，一定有一位地庫飽滿的人來享受。

63、眼睛無神，沒有眉毛，代表沒有樹葉；子

無果實，所以子無成就。眉毛若長出毫毛會產生孤僻的現象，自我意識很強，唯有修道者無妨。膚色愈黑愈難相處，但是這種人碰到額頭寬闊的人就沒輒了。

65、眉頭如劍形，顴位平均，聲音響亮，兄弟會打架爭執。

66、男人眉毛低而聲音旺、亮，代表田園多，喜歡買不動產。

67、眉尾上揚的人志向高，聲音粗，表示歷盡生死，殺氣重。

68、眉毛秀者，和子女親和力夠，子女會孝順供養你；眉毛疏者，宜多多培養和子女的關係，增加親和力。

69、男人沒有眉毛為軍師格，最厲害的就是這種人；女人沒有眉毛除了婚姻不穩定，也代表本身不是很精明。

70、腮骨起、眉毛秀、膚色黑的人，為朋友盡

心盡力，眉毛愈秀對朋友愈好。

71、眉骨發達的人第六感特別強，眉骨低的人則用推理。

72、鬍鬚看你年老的時候會不會孤寂；眉毛代表年老時有沒有老朋友和名望，年老沒有眉毛會孤寂。眉毛代表在你年老的時候生病時有沒有人在你的身旁，若沒有眉毛注定過得很孤單，生病時比較沒有人照顧你。有眉毛年老時比較有人來關照你，故稱之為「保壽宮」。

眼睛「監察官」論命訣

　　「眼睛」為五官之監察官，十二宮相法為
田宅宮、夫妻宮、子女宮，自35～40歲看眼運。
眼睛乃為靈魂之窗，正所謂「問貴在眼」，是
故從眼睛可分辨出一個人的智慧、善惡、好壞
及運勢。

1、 眼睛左為太陽，太陽看父親，男左女右，從他的眼睛就可看父親的遺傳以及與父母親甚至上一代的感情如何。

2、 眼睛有神很亮的人，主他的父母很有個性與主張，在懷他的時候，父母意見經常相持不下、常吵架，眼睛愈有神，上一代這種現象愈強烈。

3、 眼睛亦可看與夫妻和子女所結的緣是實緣或是虛緣。神足緣份足，神弱緣份弱，無神者婚姻感情變化很大，若兩人眼睛亮會爭執，一人實一人虛為正常。

4、 眼睛右眼為太陰，男右女左。太陽、太陰可看父母親的對待，以後要先生男或先生女必須從眼睛去看，男人若左眼光芒太強或者較凸主先生男，右眼強主先生女。

5、 左眼小、命宮鎖一般在家排行老大，顴位再漂亮，百分之百是老大。左眼小的人會

怕太太，尊重太太。

6、 男人左眼較大會打老婆，或者夫妻相處對待講話的角度言詞犀利。

7、 眼睛秀長代表本身聰明智巧，智慧超凡。

8、 女人眼神柔而顴位漂亮必須晚婚，因為眼神柔很講究情調，心思非常細膩，顴位愈漂亮愈會挑剔對方。

9、 女人鼻子高，只要五官結構不敗，主她的丈夫很有個性，脾氣不好。

10、 面相講究陰陽，一動一靜「以靜制動」。看一個人就可以知道他對方的情形，只要一方很活潑則另外一方就很靜；活潑的會受制於靜的，此乃「陰陽調和」的不變法則。

11、 眼睛重瞳（看起來黑的部分好像有兩圈）的人，頭腦聰明，但是個性倔強。

12、 眼睛有神的人，他的太太不會離婚，但是

身體不好，因為這種人眼神的壓力太強，令人受不了，所以只生病不離婚，聲音愈粗則愈專制。眼睛有神、聲音柔的男人，他太太脾氣比他還大，夫妻之間婚姻的搭配一定要眼睛有神配無神。

13、眼睛不能夠太有神、太銳利，必須沉而有定力，眼神愈強肝氣旺，脾氣愈大。膚色白、眼神柔，主寒氣太重，身體太寒。

14、女人膚色黑、眼神強主勞碌，得不到別人的賞識又惹來是非不斷，而且是非不能化解，產生的對立很強。女人膚色白、眼神強，獨立心強，才華發揮能夠得到別人的賞識，而且若有是非也能予以化解。

15、眼睛圓的人，腦筋好、反應快。但若是眉毛稀疏會「犯狐」，眉毛太濃壓下來會產生官非訴訟和口舌是非不斷。

16、眼睛「上視」主心性驕傲，優越感很重。

女人眼睛「上視」，婚姻會不如意或者破滅；男人眼睛「上視」，若滿面愁容，主已經失意或錯誤的事情做很多而在懺悔「上視」而滿臉春風，主有遠大的志向。

17、 男人眼睛「下視」主心機重，這種人不好惹；女人眼睛「下視」主沒有自信，比較怕生、害羞。

18、 不管男女只要走路穩，上半身不搖晃，就算五官敗或是長的不怎麼樣，格局還算很高，婚姻失敗還能夠挽回。

19、 女人走路抬頭挺胸像閱兵似的，代表太誇張、太有個性，會產生刑剋、刑夫。

20、 頭不動、眼睛隨處飄的人，謂之「偷視」，這種眼神亮的人不多，眼睛無神者居多。聲音粗、眼神無力往往會犯偷視，代表上一代父母親的感情，緣份會較薄。

21、 眼睛亮有神的人，主上一代是非很多或者

很勞碌，顴位愈漂亮是非愈多，顴位平均主上一代有兩個家庭。眼睛有神者，他父親照顧這一家；眼睛無神者，他父親照顧另外一家。眼睛有神者能掌握機緣，但鼻子露骨而顴退，他父親也照顧不到他。

22、眼神太亮的人都很有英雄主義、好勝、一股沖天志氣，若處理不當，會惹來是非不斷。

23、眼睛亮、聲音粗的人，勇於面對現實，若生活過不去，膚色黑者，敢去做工，但膚色白者，就不敢面對現實。

24、眼睛細長代表才華洋溢、能力佳，膚色白者宜往文職發展。眼睛帶三角、鼻子露骨的人，必須注意老婆的身體。

25、眼睛有神、聲音粗的人，很有個性與主張，他的老婆到最後不得不服服貼貼的順從他。眼睛無神、聲音粗的人，雖然也很有

個性，但他的老婆卻很會和他唱反調，因為眼睛無神氣勢不夠，強壓不過對方。

26、眼睛有神、額頭寬廣的人，他老婆會幫助他，加上地庫飽滿，他老婆很肯做。

27、男人到了 38 歲鼻子露骨、顴反，必須注意婚姻問題，眼睛無神者須防婚變，眼睛有神者則無妨。

28、眼睛有神者比較不會離婚，眼睛無神者比較容易離婚；眼睛有神、聲音很柔也會離婚；眼睛有神、聲音粗的人就不會離婚。

29、眼睛有神的人，他的老婆往往會變得沒有個性，沒有自己的看法和主張，到最後會很依賴她先生，但是她不是笨，只是因為對丈夫很忠誠。

30、男人眼睛無神地庫削，他老婆會常常無理取鬧；眼睛有神的人，他老婆就不會，因為她必須依賴他，很多事情皆由他來做主。

31、 男人的眼睛可以看他太太有沒有辦法專注
做一件事情。眼睛代表太太的專注度；鼻
子代表太太的意志力；聲音代表太太的耐
力，肯做不肯做。

32、 男人額頭寬闊、嘴巴小，以後他的女兒會
很讓人擔憂，因為自我壓力太重的關係。

33、 心性質的眼睛，眼神較柔，這種人不會當
面和人起衝突，瞳孔所發出的光芒較柔和，
這種眼睛以演藝界的人員最多。

34、 筋骨質的眼睛所散發出來的光芒很強很
亮，代表獨立、剛毅、自主、不服輸的表
現很強烈。

35、 眼睛似柔似亮，只要黑白分明就是屬於營
養質的眼睛。如孫中山先生，眼睛雖然黑，
但不會讓人家有被壓迫的感覺，眼睛較圓
較大，煞氣不重。

36、 心性質的眼睛瞳孔所發出的光芒較柔不

亮；單眼皮的眼睛較傾向筋骨質；雙眼皮
的人較傾向營養質，煞氣不強，眼神不逼
人。

37、眼神強代表父母懷他的時候雙方所顯現的
對立現象，雙方的主張、個性，拉力有多
強，眼睛就有多亮，或者父母親很勞碌而
有滿腹怨氣。

38、小孩子的哭聲有多響亮，就代表父母雙方
的意見很多。

39、「慈善」的人，眼睛黑白分明、額頭寬廣
光亮，但不能有皺紋，若有皺紋，表示善
人被惡人欺。額頭寬廣協調性強，氣色漂
亮貴人多，也是別人的貴人；下停位飽滿，
是互助的貴人，「瘦」，他去助人，「胖」，
別人助他。

40、夫妻眼神愈柔，眉毛愈秀氣，彼此距離會
愈拉愈遠，眼睛愈有神距離會愈拉愈近。

眼睛有神對方的情形瞭若指掌，一有問題馬上會去防堵；眼神太柔警覺性太低，等到事情發生才要去處理都已經太晚了。

41、女人若行桃花運，只要舉止走路很穩、性沉，婚姻還不會有問題；若舉止輕浮，走路很快，身體搖擺，婚姻就有可能破滅。

42、夫妻本來很單純的相處，只要有第三者介入，夫妻雙方的磁場就會變得很濁，因影響到彼此的氣運。

43、男人常往妓女戶跑，在外頭所吸進去不同的賀爾蒙會傳給他的太太，他的太太再傳給未出生的孩子，這孩子就會有濁氣，所以看小孩子就可看上一代的行為。小孩以後和他父親的距離會拉開，所以風流的人得不到孩子的孝順，除非自己很顧家；但孩子孝順，孫輩會絕掉，所以絕後的家庭也可能與他父親風流有關

44、男人心裡面產生意淫的想法，不一定要和對方交媾，只要有這種念頭，不同的賀爾蒙就會開始分泌，所生的孩子氣就會「濁」，故有所謂「見色而起淫心者，報在妻女」之說。

45、蹧蹋處女太多的人，會有大破財之應，接著破你的家，再來小心橫禍，甚至分屍，對此種種報應，皆因積怨太重太深之故。

46、「桃花」的眼睛就是媚態很重，簡單的說就是桃花眼。

47、體態的「動向」比五官的結構重要百倍以上。走路的行為舉止、言談都包括在內，必須氣靜、氣沉者，格局才會高；舉止輕浮、五官結構再好也是敗格，如很多演藝人員婚姻不幸福，受到這種原因影響的成分很大。

48、當律師的人若氣色愈暗愈黑，代表他的業

務接不完，生意奇佳；平常人若有這種氣
色，早就被關進牢裡去，只有當律師的人
才可以有這種氣色。

49、眼睛下三白的人性能力很強，對女性來說
是屬於暴露型的人，大膽拍裸照、拍藝術
照者皆屬之。女人體格好、膚色白、下三
白，迷惑男人非常厲害；下三白的人上一
代非常的剛毅，個性很強，往往屬於武職、
軍人等。

50、下三白的人，頭腦很聰明，但做事有時很
狠，膚色愈黑，做事愈狠。

51、「四白眼」的人是在夫妻不協調或是受到
脅迫心不甘情不願的狀態下所生下的孩
子。打雷、地震、颱風，天地不協調的狀
態下所懷孕的孩子也會出現四白眼；四白
眼的人很自私，不考慮別人，心理不健全
不好相處。

52、男人眼睛「斜視」，老婆是「中古」貨，以後會紅杏出牆，嗔恨念很重，不服輸；女人眼睛「斜視」，丈夫愛慕虛榮，菸酒不斷，穿著很講究，注重外表。上一代若憤世嫉俗的心態很嚴重，就會生下斜視的孩子。

53、上三白的人很絕情，已經決定的事情，絕對沒有更改的可能。

54、眼頭的地方紅色，代表婆媳不和與子女較無緣。

55、「病眼」就是整個眼圈都是皺紋陷下去，主胃脾出問題。

56、夫妻行房過後，眼睛會變得「水汪汪」，但是風塵女郎已經成為習慣性，就不會有這種現象。

57、「三角眼」主內在的執著度和毅力很強，若膚色再黑會變得太執著與固執，又主剋

妻。三角眼、膚色黑的人，壓力太大，氣勢太強，當他的太太容易生病；聲音再粗，會剋死太太，但是三角眼，若是膚色白則無所謂。

58、眼神強、眼神柔而氣色青、聲音結實的人都比較有個性。所以用聽聲音、看眼神來判斷一個人的個性最好，也最準確。

59、三角眼的人，臨終的時候會流血，見血光。膚色黑主應意外身亡；膚色白應在疾病開刀。

60、「凸眼」主無情，但胖的人則無妨，只是愛說話而已。膚色白、瘦、凸眼才是真的很無情；膚色黑、瘦、凸眼主逞兇鬥狠。

61、印尼、泰國、馬來西亞的人，眼睛大都屬於咖啡色，眼睛無神主有志難伸，衝不出去，這種眼睛大都出現在未開發或是落後的國家當中。

62、「上揚」的眼睛最怕眉毛太粗濃，會造成兄弟刑剋；額頭再有雜氣、亂紋、傷痕、惡痣，兄弟情就薄了，所以眉尾揚的人有沖天之志，但女人會刑夫。

63、「近視眼」的男人代表多學、多才華、斯文；女人代表性剛，但女人近視、眼睛有神者有正義感，為人處事很「嚴正」。

64、「離鄉剋妻」的眼睛，眼尾紋路很多，眼睛無神、聲音愈粗，剋的愈厲害。

65、離鄉背井的人，大都鼻子露骨而聲音粗。眼白的地方有痣、斑、黑點的人較會胡思亂想，一般心理上都不健全；邪視、瞟視也一樣，代表心性不平衡。

66、眼睛無神、聲音柔的人犯桃花只敢暗暗的來，眼睛無神、聲音粗的人犯桃花敢公開示眾；眼睛有神、聲音粗的人若已結婚，絕對不可以輕易再談戀愛，因為太重感情，

會造成家庭破散，所以這種人不能走桃花。

67、眼神柔的人重名，眼睛有神的人重實際。
夫妻之間若吵架，眼神柔的會冷戰，眼睛
有神的會吵架，但不輕易離婚。

68、眼睛黑白分明，代表家裡沒有貸款，若有
則還有存糧，要不然就是身體很健康沒有
毛病。小孩子「頤海」飽滿也可判斷出他
的家沒有貸款，家業安定；下停削的人若
沒有貸款，一般都只是暫時性的，不用多
久又會去貸款或分期付款了。

69、夫妻眼睛黑白分明不會輕易離婚，若婚姻
有問題，往往不是第三者的介入和感情的
問題。眼神強、聲音粗為「戰神格」，表
示終生勞碌，事情多、是非也多，包括上
一代也是。眼神強的人能力、判斷力強，
所以若以五術當職業，終生閒不下來，客
戶接不完。

70、「赤脈貫睛」像牙籤那麼粗才算,代表流年已處於危急狀況,氣色黑必亡身,重者死無全屍,這種氣色往往出現於江湖人和員警。

71、沒有「赤脈貫睛」而行死運,表示這是流年的死運。眼睛出現赤脈貫睛代表祖上有德或者自己有積陰德才會有這種暗示。

72、和父母親或是兄弟吵架會「赤脈貫睛」,表示會出現大傷害,如事業失敗、意外血光等。

73、眉毛亂而出現「赤脈貫睛」的人,要小心會有意外血光或刀槍之禍。

74、眼睛凸、鼻子高、下停削的人一意孤行,完全不會考慮別人的意見或感受,所以會常遭「橫禍」,要透過修身養性、行善積德才能予以減輕或化解。

75、赤脈貫睛有的從眼頭貫進去,有的從眼尾

貫進去，若出現在下眼白的地方則屬於「煞氣」，表示在外煞到陰氣，所以會有所不同。

76、赤脈從眼頭進去為無解，七日之內主有生命之危；相較於從眼尾進去就比較沒有這麼危險。

77、眼睛有神、膚色黑的人易有是非；顴位平順、地庫飽滿，屬於家裡的是非；顴位橫張，主外面的是非；額頭漂亮、地庫飽滿、中停削、眼睛亮有神，是非來自家裡，因為額頭、地庫漂亮，主外緣很好，是非不會在外頭；顴位佳，裡頭的是非可擺平。

78、眼睛太有神，主上一代有爭執吵架的現象，會延續三代。若顴骨高而橫張，會和左鄰右舍起爭執，若顴骨平順主家內的爭執。

79、眼神亮者，家產一定得到，而且勢在必得；眼神柔、無神者，得不到；眼神亮、聲音響，

一定能得到；眼神柔、聲音無力，一定得不到。

80、「眼睛」的重要性是就算將整張臉給遮起來，只露出兩隻眼睛，也能替他論命。

81、眼睛亮的人重實際；眼睛柔的人喜歡小說裡的情節，屬於幻想型的個性。

82、眼睛黑白分明可以統禦八方，就算家境貧窮也過得很快樂。膚色黑、微胖、眼睛黑白分明，夫妻生活建立在精神層次上而不在於慾念。眼睛黑白分明能滿足於現狀，如嬰兒即是。

83、夫妻一人眼睛黑白分明，另一人沒有，嚴重者會離婚，或者一人過得很安逸，另外一人做得要死。嬰兒眼睛黑白分明，父母眼睛黑白不分明，表示必須拼給他的小孩吃。眼睛黑白分明最好膚色白，安逸的程度很好；若膚色黑、眼睛黑白分明，只能

論他滿足現狀而已，不能說他有多富裕。

84、女人聲音粗，丈夫屬武職、做工之類；聲音柔屬文職。眼睛黑白分明，文職長久；黑白不分，文職短暫。女人眼睛有神、聲音柔，所結的是真緣，先生不會在外面亂來，因為這種人對周遭事物的感覺很敏銳，任何事情都瞞不了她。

85、眼睛清澈、膚色黑、腮骨張開，會讓朋友拖累，不適合與其合夥做生意，因為眼睛清澈代表心地善良。

86、在外中邪或是犯了陰煞，從眼睛下三白和眼眶的地方都可以看得出來，眼白有赤脈，眼眶發黑，代表洩氣過重因而犯煞或中邪。

87、女人黑又瘦或聲音粗都會影響到夫緣，眼睛則是看妳和丈夫的緣份。

88、眼神太強代表父母親脾氣暴躁，在懷他的時候常常在吵架。

89、眼神太強而地庫飽滿的人愈怕死，若已娶妻，就算有一女孩為清白之身想接近他，他也絕不敢要，所以桃花絕不會靠近這種人。

90、眼睛柔、斜視，這種人行桃花運，行到最後一口氣為止；眼睛斜視好邪色，眼睛正視好正色，若沒有眉毛、眼睛又斜視桃花更旺。

91、眼睛時常過敏不舒服，可能肝臟有問題，若又是木形人，肝功能的負荷更多。

鼻子「審辨官」論命訣

　　「鼻子」為五官之審辨官，十二相法為疾厄宮、財帛宮，代表 41～50 歲人生旺盛時期之運程。相書云：「問貴在眼、問富在鼻」，是故從鼻子可分辨其個性、婚姻、疾病、財富。

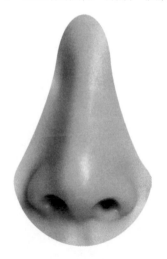

1、　鼻子看你兒子的志氣，但許多人鼻子很低，為何兒子卻很有志氣？因為他會做兒女的奴才，不過他嘴唇和下停位一定很漂亮。鼻低、膚色黑，一生都替兒子勞碌，屬於「奴僕格」；膚色白、鼻低又瘦、聲音粗也是同論。

2、　膚色黑、鼻子高、地庫飽滿，只要鼻子高他就不當兒子的奴才。鼻低、顴退、聲音柔，這種人也不管兒女的事，也不做兒女的奴才，聲音粗的才會。鼻低、膚色白，雖然不做兒女的奴才，卻為丈夫辛苦勞碌。

3、　膚色白、鼻高、聲音柔，不喜歡和子女打成一片，他很喜歡靜態的，如外國人就很少與子女住在一起。

4、　鼻子在三停當中佔的比例很重。看人時首先看到眉毛、眼睛一橫、鼻子一豎，連帶命宮，配合氣色與膚色一看便知道此人大

概的情形。

5、 山根代表家運，國家代表國運，在地區是
地區運。那些惡劣的環境，山根高、鼻子
高的人不會去，所以看到的都是那些鼻子
低的人，因為山根低的人所處的環境是屬
於長時間的惡劣。

6、 筋骨質、膚色黑、聲音粗、鼻子低，這種
人辛苦一生，勞碌一輩子。

7、 山根低代表一輩子辛苦，若額頭皺紋又多，
就注定辛苦一生，活像機器般永不停歇。

8、 山根低、顴位橫張，勞碌自始自終；山根
低、膚色黑、聲音粗、眼睛亮，純筋骨質
代表是非很多。

9、 山根低、聲音柔，心性質的特徵，夫妻相
處會冷戰。

10、山根低、筋骨質的人沒有耐性，破口大罵
常說往事給你聽，這種人若嫁給鼻子露骨

的人會是挨揍的份。

11、先生鼻子高，太太鼻子低、聲音粗，有時
　　會被先生「挨揍」。女人聲音可判斷她先
　　生是斯文或粗魯；聲音粗，她先生不是斯
　　文人，故會被欺負；膚色黑，她先生屬於
　　做工的人，對她有時會用武力或是本身要
　　負擔很多的家庭責任；膚色白、聲音柔，
　　就很輕鬆，責任都別人替她負擔，不用煩
　　惱。

12、鼻子年上看壽命和家庭現象，也可看家運。
　　家庭事情多、操心，年上會有黑氣青暗，
　　雜氣很多，代表家事一大堆，聲音愈粗是
　　非愈多；聲音愈柔的人愈悶不吭聲，不輕
　　易訴說給別人聽。

13、小孩子的山根處若有青氣，代表小孩子受
　　到驚嚇或者是胃腸、氣管不好。

14、年上、壽上稱為「疾厄宮」，消化系統、

肝功能、腸胃經絡的健康狀況都可以在此看出端倪。

15、山根低、膚色白，先生比較不切實際，理想太高；顴位高、鼻子低，表示理想永遠沒有辦法實現。

16、山根低的人，若眼睛無神，不管男女，均代表姻緣不佳。

17、山根低、鼻子低、膚色黑、顴位橫張，父母屬於勞動階級，聲音粗做一輩子永不能翻身；小孩子或女人若山根高，代表他的父母會享受。

18、年上、壽上代表家運，女人鼻子高，代表丈夫有志氣，但是脾氣不好，一生氣就會摔東西，若眼睛亮度夠現象更明顯。

19、女人只要眼睛有神，代表她先生的脾氣不好；鼻子低常會亂發脾氣，鼻子高還能夠與之講理。

20、 女人山根不可露骨，若露骨代表她先生思想很狂熱，聲音粗會精神分裂，或者喜歡賭博，日夜不歸，專注於某種興趣，聲音愈粗就愈嚴重，聲音柔則代表對於事業的經營很努力。

21、 年上、壽上、準頭絕對不可以有痣，主意外、劫難，所以痣一定要處理掉。若斑點或者黑氣代表家庭的壓力很重；山根若低，家庭的是非就很多。

22、 膚色黑、山根低，年上、壽上被黑氣蒙住，代表是非很多，恩怨永遠沒有辦法解決。

23、 山根低的人，如小孩子般容易衝動，膚色愈黑愈嚴重，膚色青也是。準頭代表精力狀態，男人代表龜頭，準頭生痣，財帛受損；鼻翼看睪丸，鼻翼生痣會有浪費的習性。

24、 獅子鼻和鼻翼大的人或是鼻子露骨、眼睛

亮的人精力特別充沛,最適合擔任複雜資料處理的工作。

25、準頭代表財運,但必須和下停位配合。單單只有準頭佳,沒有好的下停位,則不是真實的好面相,若說錢財多旺也是很有限。下停位代表對財帛使用的敏銳度與安全感夠不夠,下停位愈飽滿,安全感愈重,庫存量愈足。

26、下停飽滿而氣色黑,代表沒有庫存量;鼻翼代表蘭臺、延尉是財帛的金庫,必須包起來,錢財才能守得住;年上壽上露骨、額頭寬廣的人最會精打細算。

27、替人論命若碰到行為舉止不疾不徐、氣定神閒的人,其事業要敗掉很不容易,因為保護的非常周延。若沉不住氣,神色慌張,就算有很好的面相也是枉然。

28、鼻子露骨、眼睛無神、聲音粗,易有刑剋,

與太太無緣；鼻子露骨、眼睛無神、天倉平、聲音柔太太會跟別人跑。

29、鼻子露骨的人會剋妻，聲音粗主意外死亡，聲音柔主病死。

30、營養質的鼻子，準頭飽滿，從事五術的人，碰到準頭和地庫飽滿的客人，他所包的紅包會較多，碰到地庫削甚至氣色黑，紅包就比較少。從事五術的人額頭氣色很清，生意會接不完；額額生瘡代表沒有生意，因為額頭代表對方和你的希望。

31、女人山根低，情緒不穩定，氣色青，講話的態度與說法就很犀利。

32、鼻低而顴高，夫緣掌不住，為與人共夫之象，再加上眼睛無神，主丈夫風流。

33、鼻頭氣色暗沉要注意胃脾的保健。酒糟鼻代表和子女的緣會比較弱，本身也不可以輕易投資，因為鼻代表財位又代表土位，

不能有赤氣，火燒中堂難養財。鼻頭紅會讓自己分身乏術，家運、財運都會產生負面效應。

34、年上、壽上生瘡或呈現暗氣青筋，代表已經感冒或身體有不舒服的現象。

35、到了50幾歲臉上有許多皺紋，縱然有沖天之志，也很難再起；若是臉上清清的，就還有東山再起的機會。

36、女人鼻低、眼睛無神、顴位低或顴位高都會造成婚姻不幸福。顴位低，代表臣不能護君，所以只能默認丈夫在外面亂搞；顴位高的女人有主見，會與丈夫周旋到底，因為無法掌握丈夫的心，最後還是會導致婚姻破裂。

37、女人眼神柔、鼻低、顴位漂亮，雖然無法掌握她的丈夫，但到最後她丈夫還是會回到她的身邊，但若女人瘦的話就很難講。

38、 未開發的國家鼻子都很小，但鼻子不能太高，太高易犯小人；顴位高、鼻子微高最好，表示保護的很周延。

39、 鼻高、顴位退的人會一意孤行；鼻低、顴高的人韌性強、拉力強，若鬥不過你，他會去找救兵。

40、 鼻低的人沒有時間觀念，但要滅掉他很困難，因為他韌性強，可以面對任何惡劣的環境。

41、 鼻低、膚色黑、顴反代表終生勞碌，而且受制於他人。

42、 鼻子看根基，鼻低主父親專制、固執。鼻高長輩讓你很自由；鼻低則反之。

43、 太太鼻子高，先生不會限制她的自由；若鼻子低，先生就會干涉。

44、 鼻高的人以君為主，鼻低的人以臣為主；所以鼻高的人以自己為主，找他幫助很困

難；鼻低的人較有人情味，找他幫忙就比較容易。

45、膚色黑、鼻子低或是膚色白、鼻子低、聲音粗都是願意奉獻犧牲的人，把江山留給別人，財產留給兒子，自己卻不享受。

46、中國人鼻低、顴位漂亮、地庫飽滿，重視金錢、不動產等；歐美人鼻高、顴退、地庫削，注重當下的享受，所以花費就比較高。

47、夫妻吵架眼神亮者較不想離婚，眼睛無神者則較容易離婚，因為從眼睛可以看出所結的是真緣或是虛緣。

48、眼睛黑白分明、膚色黑的人講究精神層面，不喜情慾。天倉削、聲音輕、氣不沉，很會和女人搭訕開玩笑；天倉飽滿、聲音粗、眼睛亮者就不擅長此。

49、女人鼻低、膚色黑、聲音響，丈夫若失敗

想再爬起來很困難。眼睛亮、鼻子低、山根低，丈夫若失敗，家裡連吃飯都有問題；若膚色白，雖然失敗但是根基還會在。

50、鼻低代表丈夫的志向太大，最後陷入不可自拔的地步；男人鼻子低，太太做事就會有考慮不周或是有欠周延的地方。男人或女人鼻高代表他的另一半做任何事都會未雨綢繆，量力而為。

51、夫妻兩人鼻子不能一樣高，吵起架來會誰也不服誰，除非一個膚色黑，一個膚色白才能相安無事。夫妻鼻子一樣低，吵架舊帳翻不完，永無寧日到終老。

52、鼻低、聲音無力，主家業不振，夫妻常吵架，若有房子也很難保得住。鼻低的人必須聲音有力，房子才保得住；鼻低、聲音柔，江山會全部失去。

53、鼻低、聲音粗屬於勞力階級，若不是做工

的人，定主常惹是非，此人坐辦公桌一定會出問題。女人聲音粗，丈夫不安於室驛馬重，非常忙碌。男人聲音粗代表太太在家很忙，若顴位退主裡面、外面都要做，男人眼睛愈亮他太太做的愈累。男人地庫飽滿、眼睛有神或是小孩子地庫飽滿，代表他太太很努力料理煮飯。

54、女人最怕鼻子低而黑又胖，代表丈夫慾望很大，但是太衝的後果，反而財產會全部失去，所以當個固定受薪的員工最適合。

55、女人最怕黑又胖而且聲音柔，丈夫將她當作奴隸；聲音柔代表沒有主張，所以女人鼻低必須聲音粗才能保護自己，創造自己的價值。

56、女人最怕命宮鎖、鼻低、聲音柔，因為不管如何努力去經營婚姻，都不會有好結果。

57、山根高的人喜歡獨居，到老都是如此。山

根低、黑又胖、鼻低，一定要和子孫住在
一起；若聲音粗是非就很多，聲音太粗、
皺紋又多，做兒子的奴才。

58、鼻子低的人，兒女不用他，往往必須為兒
女付出，甚至擔當責任。聲音粗、顴高無
妨；膚色黑、聲音柔就必須替人擔負責任。
顴高、膚色黑，雖掌權但也擔負責任；膚
色白、顴高才是真正掌權的人。

59、鼻子低、聲音柔的人小孩子不怕他，會寵
子女，最好交給別人管教。鼻低、聲音粗
的人脾氣不好，很會打兒子。

60、眼睛赤脈貫睛，整臉黑氣，主凶無解；眼
睛亮度夠就無妨。

61、滿臉赤點在夏天危害還比較小，若到了初
冬赤氣不變，水火交戰則主大凶。

62、鼻子愈高自尊心愈強，地庫愈削個性愈強，
聲音愈粗則加倍。鼻高、膚色白的人喜讚

美，不喜歡被批評；鼻高、膚色白、聲音柔的人最敏感，若要對他讚美，必須是真誠的讚美。

63、凸頭、鼻高、聲音粗的人最固執鐵齒，絕對爭辯不過他，膚色愈黑愈加倍。膚色黑、地庫飽滿的人肯接受他人的批評；鼻低、凸頭、地庫削就難以接納別人的批評。

64、鼻高主理，講道理要找鼻高的人；鼻低主情，講人情要找鼻低的人。所以膚色白、鼻子高一切以理為主；膚色黑、鼻子低一切以情為依。

65、會計最好請鼻高、膚色白、瘦瘦的人，他會算的很細心，因為鼻高主理性而專注。鼻低、膚色黑、胖的人，並不適合做財務管理如此細部的工作。

66、鼻低且短、下巴削的人，向這種人最好推銷，膚色愈黑愈容易買，而且買了一大堆

東西又沒有用，因為這種人重情，不好意思拒絕。

67、膚色白、聲音粗的人愛面子，很會衝；膚色白、聲音柔的人比較沒有主張，一般都是妻子掌權。

68、鼻子露骨、聲音粗、額頭傷痕、地庫削屬於「驛馬格」，到老都不得閒。下停削、聲音粗的人累自己也累別人，傷害別人也傷害自己，自己完全不自知，此人老運坎坷、孤僻之命，婚姻與子女也都會出現破敗，所以地庫削，除非眼睛亮度夠才不會有這些問題。

69、山根有痣、聲音粗、膚色黑、筋骨質的人，胃腸會出問題，亦主剋妻。山根有痣、膚色白，主丈夫風流，打鬧爭吵時而有之，因而造成家庭不寧。

70、山根低、聲音響亮的人抵抗疾病的能力較

強；若聲音無力主五腑六臟較弱，抵抗疾病的能力較差。

71、鼻子愈黑、膚色愈黑，代表這輩子一直在做，沒有辦法出頭天。額頭寬廣、地庫飽滿而整個山根位都黑，代表家庭是非不斷。

72、準頭沒有光澤代表此人沒有活動力；準頭亮有光澤主其人活動力強，東奔西跑。

73、山根低、準頭無力，主胸無大志，加上地庫飽滿，代表一生大志有限。

74、以前的女人山根都很低而且膚色黑，代表她先生外出，總是流連忘返。

75、鼻子露骨、聲音粗主剋父、剋兄長、剋妻子。如早年瘦而露骨，父親不在，鼻子露敗在年輕的時候。山根低、準頭大、膚色黑主懶惰，胸無大志；若顴位、地庫佳則無所謂。

76、膚色白、鼻子露骨自我意識很強，完全不

會顧慮到別人；膚色黑、鼻子露骨衝來衝去但都沒有結果。

77、鼻孔微張開的人很喜歡發問，求知慾很強，像個小孩子似的。

78、人中整齊而聲音粗代表父母管教很嚴，甚至是用修理的。人中翹起來代表父母管教的力量不夠，談話行為舉止不會約束你，所以行運到43歲的時候，事業會受到阻礙。

79、女人若鼻頭生痣、膚色黑、聲音粗表示她一生當中都非常的勞碌。女人鼻子可看丈夫，鼻頭生痣代表丈夫有缺陷，個性人格有瑕疵。鼻子代表我們的對象，親密中兩性的對待；額頭看你對象的智慧，眼睛看你和他姻緣的拉力，下停看你對象的耐性。

80、夫妻當中一定是一動一靜，動的受制於靜的，所謂以靜制動、陰陽調和就是這個原

理。如月球繞地球，地球繞太陽般的運行。

81、女孩子的鼻子未嫁看父親的個性，嫁了以後看丈夫的個性；若鼻子露骨代表丈夫和父親在思想個性上有極端的一面存在！

82、女人鼻子露骨在講話方面會較刻薄，若膚色白、聲音柔，丈夫會為她賣命而毫無怨言。若膚色白、聲音粗，就會與丈夫或她所交往的對象不和，無法真心對她好。

83、男人鼻子微微露骨，代表他太太做事的積極度會很強，性情乖戾。天倉削的男人，他太太性情一直不穩；女人天倉削，表示她丈夫忙的沒有目標，自然對家庭的照顧會差一些，所以女人天倉削要負擔家庭的責任。

84、只要氣不從丹田出來，而從喉結出便有刑剋的現象，不從丹田出的氣不沉，氣不沉則身體無「聚氣」，妻財子祿就會有損。

第五節

嘴巴「出納官」論命訣

　　「嘴巴」為五官之出納官，為飲食所納之處，言語出入之門，是非道理皆由此生，代表 51～61 歲之運程。相書云：「口大膽量大、口小膽量小」，是故從嘴巴可分辨其膽識、健康、運勢、個性、感情、意志力等。

1、 口代表水星，鼻代表土星，額頭代表火星，左耳代表木星，右耳代表金星，口又為大海，從人中至嘴巴都屬於大海，所以人中為溝渠。

2、 政府官員的人中都很長，沒有翹起來的。人中深長的人必主心機深，人中淺短又翹起來的人主任性，像小孩子的性格，亦表示他父母親從小對他的約束力不夠，管教不力。

3、 人中深長而整齊的人，代表父母對他的言行舉止管教的很嚴格，聲音粗者表示常被他的父母修理。

4、 人中翹起來的人，若行為有過錯，他的父母也不會怎麼管教他，到了43歲直線流年時運程就會受到阻礙，愛他反而害他。人中短翹的人行早運，年紀輕輕沒有人約束，他過得很快樂，但到了行人中運時，運程

就會受到阻礙。

5、　人中長只要不平滿，主一生過著很嚴謹的生活，人中只要平滿就沒有辦法過嚴謹而且規律的生活。因為人中平滿主誇耀、誇張，甚至自負自滿，聲音愈粗問題愈多，帶自己的孩子沒有辦法帶，但是帶別人的小孩子卻很喜歡，所以人中平滿和自己的子女較無緣。加上眼睛無神者，小孩子生很多，但長大成人之後和他住在一起的很少。

6、　人中翹者對事情判斷的深沉度不夠，必須訓練自己吐氣時維持在 15 秒左右，半年之後氣色會變，氣才會沉，往後益氣良多，宛如脫胎換骨。

7、　上唇凸出，個性傾向父系，像父親；下唇凸出，個性像母親、妻子，所以你與父親或是母親哪一位比較有緣，可視上下唇來

做判斷。

8、 若有人右邊的額頭較飽滿，下唇較凸出，可以肯定他和母親較有緣，母親對他很好，下唇凸出主母系的助力或是異性的幫助很大。

9、 女性的上唇像鍋蓋，下唇像鍋子。女性若下唇縮而上唇凸出，代表她要為這個家擔負很重的責任；若下唇凸出而上唇縮，她為這個家所擔負的責任就比較輕。

10、 女人若上下唇都凸出，所擔負的家業責任很重。上唇凸出跑外面，下唇凸出忙家裡，所以女人下唇凸出而顴位漂亮，雖然負擔家計，但至少不必奔波跑外面，只要負責家裡面的工作就好。其實女孩子要傾向下唇凸出，她那種母性的愛才可以表現發揮的淋漓盡致。

11、 男人上唇凸出屬於正常，代表男人的氣魄、

自信、自滿與不服輸，若上唇縮主個性猶豫不決，男人的氣魄不足。

12、男人上唇縮而顴位退主妻子掌權，男人的氣勢不夠，男人上唇凸出，在家才有可能發號施令。

13、女人上唇不可太凸出變成吹火口，其個性和男人差不多，自負、不服輸，所以女人上唇不宜太凸出。

14、無論男女只要上唇凸出都和父親較有話講也較有緣，下唇凸出則和母親較有緣。

15、兩邊的嘴角不可歪掉，若嘴角歪斜，表示有人怨你。左邊歪斜主我們怨人家，男女之間的交往，若我們怨人家，我們的左嘴角會下垂；右邊歪斜主別人怨我們，男女之間的交往，表示我們有辜負別人，對方對我們有怨恨。嘴唇的色澤若白色表示對方已經死去；嘴唇色澤若很暗，表示怨你

的人還尚在人間。

16、一般男女只要嘴角歪斜，表示男女間的交往已達到非常親密的狀況，已有夫妻之實才會去怨人家或被人怨，因為沒辦法結合才會產生這種狀況，若眼神很柔這種比例會很大，眼神柔桃花重。

17、「五官結構」漂亮有氣而氣色又好，若發達才會長久。五官無氣只是氣色佳，縱然發達起來也只是三、五年而已，短暫而容易消失。

18、嘴巴代表「忠信部學堂」，人中長而整齊、眼睛明亮、黑白分明、地庫飽滿的人，說話算話與人有約很準時。

19、地庫飽滿而聲音粗者與人約會很準時，人中長又代表誠信、忠信。人中翹的人不是不準時，只是必須隨他心情的喜好，因為心情的起伏很大。講究原則的人是人中整

齊而長的人，但必須人中有鬍鬚，所謂「嘴上無毛，辦事不牢」。

20、嘴巴又屬「內學堂」，這人有沒有「內才」，必須看他的下停位有沒有飽滿，眼睛是否有神。聲音粗就有內才，眼睛失神，他的實力是虛的，眼睛有神他的實力才是真實的。

21、膚色白、嘴唇薄的女人重精神生活。女人眼睛愈亮代表先生對她的忠誠度愈高，若她先生屬營養質帶筋骨質，胖而膚色黑，雖對她很忠心，但會有怨言，因為這種人性慾很強，所以會有很多口舌。

22、小而厚的嘴唇也是屬於心性質的嘴巴，但心性質的嘴巴聲音不可粗，會造成夫妻之間口舌不斷。

23、筋骨質的嘴唇很寬主性剛，無論男女只要嘴唇寬就必須厚，不可太薄，太薄主性剛

而無情，聲音一定會變粗。

24、 營養質的嘴唇厚又大片，夫妻嘴唇都很厚，
　　 婚姻會很幸福；若一嘴唇厚而另一方嘴唇
　　 薄，主性生活不協調。

25、 膚色白，嘴唇薄或是腮骨張開而膚色白的
　　 女人，重視精神生活，對低等的慾求沒有
　　 興趣。

26、 「嘴巴」為出納宮，講話的真實性必須看
　　 嘴巴、鼻子、眼睛。人中長而整齊，嘴唇
　　 厚薄一致，眼睛正視，這種人講話很實在。
　　 眼睛不正，人中再整齊也沒有用，講話不
　　 切實際，真實性大有問題。

27、 嘴唇呈白色主腰部有問題，耳朵現黑色主
　　 腎有問題。

28、 人中整齊代表自制力好，抗拒外來誘惑的
　　 能力較強。

29、 人中也屬於祿位，人中整齊所生的子息不

錯，年老時也會很孝順，又地庫飽滿，年老子女會賺錢給你。額頭、下巴、人中都看年老是否能受到供養。

30、人中平、上唇凸出、牙齦露出來的人很容易生氣，膚色愈黑愈容易生氣，動不動就發火。上唇凸出而人中平滿，很容易看不起人家，稍微有才華的人更有這種傾向，這是遺傳上一代不服輸的個性，雖然不服輸是創造的原動力，但太超過的話就很容易得罪人，應適度中庸為宜。

31、人中平滿的人處理事情有勇無謀，決定事情速度太快，若額頭削、地庫削就很危險，地庫飽滿較不怕；人中深長中肯冷靜；人中太深會變得優柔寡斷，心機很深，想得太多太深遠。

32、人中短淺者，43歲左右運程會開始受到影響，除非上停、下停非常漂亮予以補救，

否則必然運勢不遂，動盪不安。

33、氣色敗壞，法令不明，留鬍鬚可以養氣色，但父母健在不可留鬍鬚，此為大不敬。父母在留鬍鬚會和父母反，而且反的很厲害，財帛各方面都會有耗損的現象。

34、嘴唇厚、下停位飽滿，一生食祿很好，常有人請吃飯；下停飽滿，營養質重，交際應酬特別多。

35、夫妻一位嘴唇紅又厚，一位嘴唇薄又白，主閨房出現問題，嘴唇厚者重情慾。

36、嘴唇厚、地庫飽滿的人，不會帶桃花，因為行房時太敏感，易犯早洩症，所以桃花留不住。下停削、鼻子露骨的人，桃花旺盛，因為他持久耐戰，女人特別喜歡他。

37、下停飽滿、鼻子露骨或是眼睛亮、鼻子低、地庫飽滿的人，也必須小心本身有帶一些小桃花。

38、 鼻子露骨的人，女性看到他就會很有好感，所以桃花運特別旺；若是下停飽滿、眼神亮的人，桃花近臨，反而會很無情的甩開它。

39、 嘴唇亦代表意志力，上下唇合的愈緊密，代表此人意志力愈強。

40、 嘴唇可看男女之間的愛情，若戀情已經陷入很深，嘴巴要合攏也很困難。

41、 嘴唇厚代表情慾旺，嘴唇黑代表已經過度，嘴唇紅或顴位平順會節制。鼻子高的女人性生活會節制；鼻子低、顴位反的女人性生活不能節制。

42、 仰月口（嘴角上仰，唇紅齒白，上下唇厚薄適中）一生食祿無缺，代表幽默感、協調性，心情處於愉快的現象。覆船口（嘴角彎下，好像翻船一樣，唇色黯淡）嘴唇愈黑，晚運愈淒涼，必須要做心性的修養。

43、 想過安定沒有波折的生活，必須嘴唇厚薄一致而人中深長。若嘴唇凸出而人中平，代表是非很多，加上聲音愈粗、眼睛無神者官訟是非更多。

44、 想獲得身分和地位，人中必須整齊，如政府官員即是；人中平滿的人，代表孩子有問題。

45、 四字口（口角齊平，唇如朱紅，上下唇都很厚）食祿很大，較適合仕途中人。平常人若有此口，代表是非多，五官結構不錯的話，主食祿無缺。

46、 嘴唇無紋主老運孤獨，又主協調溝通能力不佳。

47、 嘴形很好但口德不好的人，三停流年、十三部位流年、百歲流年、九執等流年一到，運氣就會變差。

48、 當教授、老師沒有幾個人是很富有的，因

為話講太多散氣過重，「氣」散的太厲害，代表開銷很大或者子女替他花掉，嘴唇又代表子女位。

49、嘴唇若有斑點、紅點、白點，不管男女，代表他的生殖系統有問題，尤其是女人更嚴重。黑點代表沒有辦法生育，白點表示生殖系統方面的疾病已經很嚴重。

50、女人就算嘴形很漂亮，顏色很紅，但有生一點一點的，代表她的經期已經亂掉；若生在法令紋的外側，準頭的旁邊，而且這地方完全暗掉，就代表經期已經完全停掉。

51、男人下唇凸出，趨向筋骨質，主心性非常的殘忍，自古以來有這種面相的政治家，殺業都很重。下唇凸出，額頭愈漂亮，主母親撫養長大成人，異性的助緣也很大。男人下唇凸出最忌諱骨格凸出，會傷到親近的人。

52、男人上唇凸出，骨格凸出就沒有關係；女人上唇凸出，膚色要白，但是骨格不要凸出。

53、男人下唇凸出為陰，骨格再凸出屬陽，陰陽相爭自行矛盾，助你的人反而被你所害，所以下唇凸出，骨格愈凸生性愈矛盾。下唇凸出、骨格凸出、眼睛有神、聲音宏亮，若為政治領導人，代表殺業很重。

54、女人上唇凸出，婚姻不協調，離婚率很高；膚色白易離婚，膚色黑負擔家業。

55、女人下唇凸出，屬於賢妻良母格，婚姻的協調度很好，先生有任何是非，她都可以包容。

56、人中淺短的人自我意識很高，膚色愈白，完全只顧自己，很容易受到傷害，孩子氣很重，上一代約束的力量很弱，壽命不長。人中淺短膚色白40幾歲的壽命就差不多

了；膚色黑、聲音粗，反而壽命長，只是到老孤獨。

57、睡覺會打鼾的人，生平大志有限，代表心思不夠細膩。

58、夫妻嘴唇一定要搭配，厚對厚、薄對薄；女人嘴唇紅表示她的血液循環很好，經期很準時，「黑、暗」主有婦人病。

59、請人幫忙找人中長、膚色愈黑的人最佳，因為人中長的人最喜歡幫忙人；人中短、膚色白想請他幫忙就很困難。

60、人中代表子女位、祿位、食祿之宮，所以墮胎太多，到最後食祿全敗掉，以後會很慘，甚至沒得吃。因為妻屬財，子屬祿，墮胎就是輕視他的祿位。

61、嘴唇厚情慾旺，膚色黑亦是，顴位骨張情慾更旺，不能沒有男人或女人。膚色黑、顴位骨張，精力充沛；顴位張、膚色白，

講究情調，一樣情慾旺盛；膚色白、嘴唇薄，情慾就降的很低。

62、膚色黑、嘴唇厚，夫妻感情屬於情慾上的享受；膚色白、嘴唇厚，注重情調上享受。

63、嘴唇厚、眼睛精神定光夠，代表夫妻的忠誠度佳，嘴唇厚雖然情慾旺盛，但夫妻若有狀況，忠誠度一定夠。

64、女人嘴唇薄，傾向筋骨質，膚色黑應小心丈夫會早走，女人膚色白、顴位張、聲音粗，就會產生刑剋。

65、女人膚色白、顴位張、聲音柔，不會有刑剋。女人膚色白、聲音粗，人瘦本身的體能狀況很好，骨格愈旺的人愈長壽，胖的人肉愈多愈短壽。

66、嘴唇薄、眼睛亮，若口才好則言詞犀利；眼睛柔，講話會顧及顏面和情感，所以言詞較為婉轉，不會直接傷到人。

67、以氣色來講，剋時令者的氣色較為嚴重，
　　時令剋氣色比較沒關係。如春天木旺，臉
　　上現白氣者為「金剋木」主大凶；春天木
　　旺，臉上現黃氣者為「木剋土」主運氣受
　　到限制，無生命之憂。

68、人也分春、夏、秋、冬，20歲以前代表春
　　天，45歲以前代表夏天，60歲以前代表秋
　　天，60歲以後代表冬天。

69、耳朵大屬金旺，口小代表金不能生水；口
　　代表活力，口小活力不夠，主膽小無衝勁。

70、人中太平或嘴形太差，行人中運時，上唇
　　可以留鬍鬚來改運，人中若沒有鬍鬚到老
　　生活會過得很淒涼。沒有眉毛的人和子女
　　無緣，眉毛疏散子女會有問題，和你的情
　　份拉力與親情的細膩度不夠。

71、兩嘴角旁邊大約兩寸的地方，這兩塊肉很
　　重要，這代表你和子女溝通的地方，不管

地庫飽滿與否這兩塊肉一定要有。若有這兩塊肉，和子女講話那種親暱度與親和力會特別好。

72、 小孩子黑又胖，代表他父母經濟欲求過量；白又胖代表他父母經濟狀況很好，好像別人將錢送到他家似的；瘦又白代表他父母的經濟源源不斷，但必須小孩子地庫飽滿。

73、 人中有痣主他的生殖器官有障礙，膚色黑更嚴重，感情容易出軌。女人若鼻低而人中有痣，婚前的感情生活很複雜，膚色黑微胖者更嚴重，膚色愈黑、眼睛無神主私生活很亂。

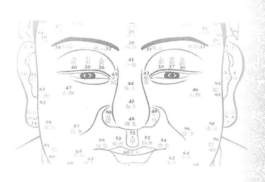

421

第十一章

觀相論訣

麻衣神相之擇妻絕招

擇妻絕招：

女人指如蔥，夫婿早成功；顴骨高聳，丈夫早走。

眼深又動情，情深義更重；鼻樑低陷，容易受騙。

耳後見香腮，佳人時運衰；紅豆滿臉，婚事有險。

屁股翹又高，殺夫不用刀；屁股平板，老公不滿。

臉圓香唇紅，運勢定如紅；櫻桃小嘴，說話甜美。

柳眉配杏眼，夫家真有臉；人中深長，福壽綿長。

扭腰擺臀不像樣，聲揚急步賤人相。

麻衣神相之選夫絕招

擇夫絕招：

男人十指尖，錢財日日添；奸門低陷，剋妻婚變。

眼露紅根絲，做事有閃失；鼻樑歪斜，陰險奸邪。

耳後見香腮，反人蠢又呆；棋紋滾滾，兇暴無倫。

眸子常上視，恃才又傲物；眼神不定，心術不正。

鐵面帶劍眉，萬里握兵權；口鈜容拳，出將入相。

眉清目又秀，前程似錦繡；神藏耳闊，當家掌舵。

駝背前俯終生苦，雀聲蛇行沒出息。

● 第三節

男女斷掌的意義

　　每個人的手掌通常會有三條主線：天紋（感情線）、人紋（智慧線）、地紋（生命線）。特殊情況之下，倘若其中兩大掌紋線，天紋和人紋合而為一，橫貫於手掌中，我們稱之為「斷掌」或是「通貫手紋」。

1、斷掌男人的命運如何？

古書有云：「男兒斷掌千斤兩，女子斷掌過房養。」說明男人斷掌是擁有創造財富的能力，駿業成功，成就非凡，但一定要其他紋路的配合才能夠綜合論斷，只是兩手都是斷掌，誠屬難得。

傳說斷掌的人很吝嗇，其實這種說法很值得研究，應該說斷掌的人很有經濟觀念，不會任意揮霍，選擇用在當用之處。而斷掌之人，一般容易患有胃腸病。

2、斷掌女人的命運如何？

斷掌時常被視為是大吉或大凶手紋。好的方面，表示勇於任事，奮勵精進，行徑敏捷，積極奮發，所以事業上容易有成就；反之壞的方面是個性急躁，有勇無謀，頑固乏智，是非

口舌不斷。

　　自古以來認為女性斷掌會刑剋丈夫，其實是因為她的主觀意識很強，能力又好，不容易妥協，又在父系社會的觀念當中，才會被人視為挑戰丈夫地位的意思。

　　但是隨著社會開放至今，男女平等已經是普世的價值，因此更容易融入與適應現在的社會發展趨勢，也就是我們常說的女強人、職業婦女等。在婚姻相處上，夫妻彼此能夠互相包容體諒、協調與溝通，減少降低與另一半的摩擦，則婚姻就可以長長久久，五世其昌。

四解脫壇城

蓮師伏藏文武百尊
四解脫咒壇城
（佩解脫、觸解脫、見解脫、聞解脫）

佩戴時等同念誦一億次百字明功德，往生五方佛淨土；見到者，不用打坐，即可成就，七世解脫，往生文武百尊淨土；下施煙供時，放在煙供粉上燒，魔障消除，聞者解脫六道痛苦；屍體上放（觸），往生金剛薩埵淨土；出家人破戒，破戒消除。

429

吉祥如意風水寶瓶

功德：

安此大寶瓶功德不可思議；此大寶瓶不同其他，可興風水、助運勢、身強健、辦事成。

「藏地」成風水寶地(埋於地面)，人聰麗、家庭和睦、生意興旺、風調雨順、國運昌隆。

作用：

可淨化：若地方因戰爭、殺戮、自殺、瘟疫魔難等所生不祥之地。

可避禍：地震、水災、風災、火災等大自然災害。

可解除：屋內風水不好，產生沖煞、疾病、各種魔障。

可旺地：動土、蓋屋、建寺，埋此地旺。

改風水：墳墓、塔位安此好風水。

可光明：佛堂安住生光明。

可改變：「陰宅風水地理不佳」之狀況。

化形煞：「陽宅地理不佳」，外陽宅任何形煞。

變磁場：內陽宅磁場不好都可藉由風水寶瓶來開運制煞，風水陽宅好全家平安，運勢佳，身體安康，工作事業順利，財源廣進。

內容：

此大寶瓶蓮花為座，八吉祥緣起咒繞，上

供摩尼寶，內依地水火風壇城、文武百尊壇城為輪，擦擦佛塔為脈。

裝臟內容物：

泥塑佛塔、七寶石、珍寶、時輪金剛、佛卡經文、舍利子、經軸、珍貴藏藥、米、地水風火壇城、佛陀出生地、成佛地、桑耶寺、雍措湖、雪域等加持物，印度八大聖地、不丹、臺灣、大陸聖地之土，時輪金剛本尊，一字續觸解脫為經文，另各類經咒緣起咒加持，西藏各大寺甘露丸及七寶石做供養，升起金剛大寶帳。

加持：

依伏藏經文如法製作，灑淨、加持，裝臟後由金剛上師七天閉關修法加持、開光。吉祥圓滿。

吉謙坊命理開運中心服務項目

一、綜合姓名、面相、陰陽宅、八字命理諮詢	2000元
二、綜合姓名學命書一本	1200元
三、八字流年命書一本	1800元
四、奇門遁甲求財、考試、旅遊、合夥、婚姻、購屋、訴訟、盜賊、疾病等等吉凶用事方位	1200元
五、逢凶化吉，趨吉避凶轉運金牌（附八字流年命書）	5000元
六、命名、改名（附八字流年命書，改名上表疏文）	3600元
七、公司命名（附八字流年命書）	5000元
八、擇日、起攢（撿骨）、火化、進塔	10000元起
九、一般開市、搬家、動土擇日（附八字流年命書）	2000元
十、嫁娶合婚擇日（附新郎、新娘八字流年命書）	3600元
十一、剖腹生產擇日（※須醫生證明需要剖腹生產）	3600元
十二、陽宅鑑定	6000元
十三、陽宅規劃佈局（附男、女八字流年命書）	16000元起

十四、入宅安香、安神、安公媽	10000 元起
十五、開運印鑑（附八字流年命書）（紅壇木、琥珀、赤牛角等，印鑑擇日開光）	9000 元起
十六、開運名片（附八字流年命書，名片擇日開光）	5000 元
十七、數字論吉凶（找尋最適合自己的幸運數字，包括先天與後天數字）	1000 元
十八、專題講座、喪禮服務、前世今生	電洽或面洽
十九、生基造福（此地產權與使用權清楚，達到催官、增壽、進祿、招財、保命、啟智之效，請參考 www.3478.com.tw）	電洽或面洽
二十、各類開運化煞物品（請參考 www.3478.com.tw）	電洽或面洽
廿一、賣屋動竅妙、訴訟必勝法、無法入睡、收驚尋人、考試　投標助運等	電洽或面洽
廿二、命理五術教學	電洽或面洽

服務處：高雄市茄萣區茄萣路二段 187 號

電話：07-6922600　0930-867707　李羽宸老師

網址：www.3478.com.tw

E-mail：chominli@yahoo.com.tw

吉祥坊易經開運中心服務項目

1、命名、改名 (用多種學派)、附八字命書一本	3600 元
2、嫁娶合婚擇日 附新郎、新娘八字命書一本	3600 元
3、剖腹生產擇日 附 36 張時辰命盤優先順序	3600 元
4、陽宅鑑定及規劃佈局 附男、女主人八字命書一本	12000 元
5、吉祥羅盤 8.6吋、7.2吋、2吋 讀者優惠價	電洽
6、姓名學、八字論命、奇門遁甲、紫微斗數、擇日軟體、三世因果 八宅明鏡、紫白飛星、三元玄空、乾坤國寶、數字論吉凶、開運養生等軟體 共 18 種 請上網瀏覽	命理軟體特價
7、本書刊登各類開運物品或制煞物品，請上網查閱，歡迎選購。	
8、歡迎加盟命理網站，不用技術，花最少費用就可經營龐大的命理網站	電洽

電話：04-24521393 　黃恆墳老師
www.abab.com.tw 　 www.131.com.tw
w257@yahoo.com.tw 　 abab257@yahoo.com.tw
臺中市西屯區西屯路二段 297 之 8 巷 78 號

國家圖書館出版品預行編目資料

神算一本通：手相面相綜合論命 / 黃恆堉，李羽宸著.
－－第一版－－臺北市：知青頻道出版；
紅螞蟻圖書發行，2018.07
面　　公分－－(開運隨身寶；18)
ISBN 978-986-488-196-3（平裝）

1.手相 2.面相

293.2　　　　　　　　　　　107007848

開運隨身寶 18

神算一本通：手相面相綜合論命

作　　者／黃恆堉，李羽宸
發 行 人／賴秀珍
總 編 輯／何南輝
美術構成／沙海潛行
校　　對／周英嬌、李羽宸
出　　版／知青頻道出版有限公司
發　　行／紅螞蟻圖書有限公司
地　　址／台北市內湖區舊宗路二段121巷19號(紅螞蟻資訊大樓)
網　　站／www.e-redant.com
郵撥帳號／1604621-1 紅螞蟻圖書有限公司
電　　話／(02)2795-3656 (代表號)
傳　　真／(02)2795-4100
登 記 證／局版北市業字第796號
法律顧問／許晏賓律師
印 刷 廠／卡樂彩色製版印刷有限公司
出版日期／2018年7月 第一版第一刷

定價 280 元　　港幣 94 元

ISBN 978-986-488-196-3　　　　Printed in Taiwan